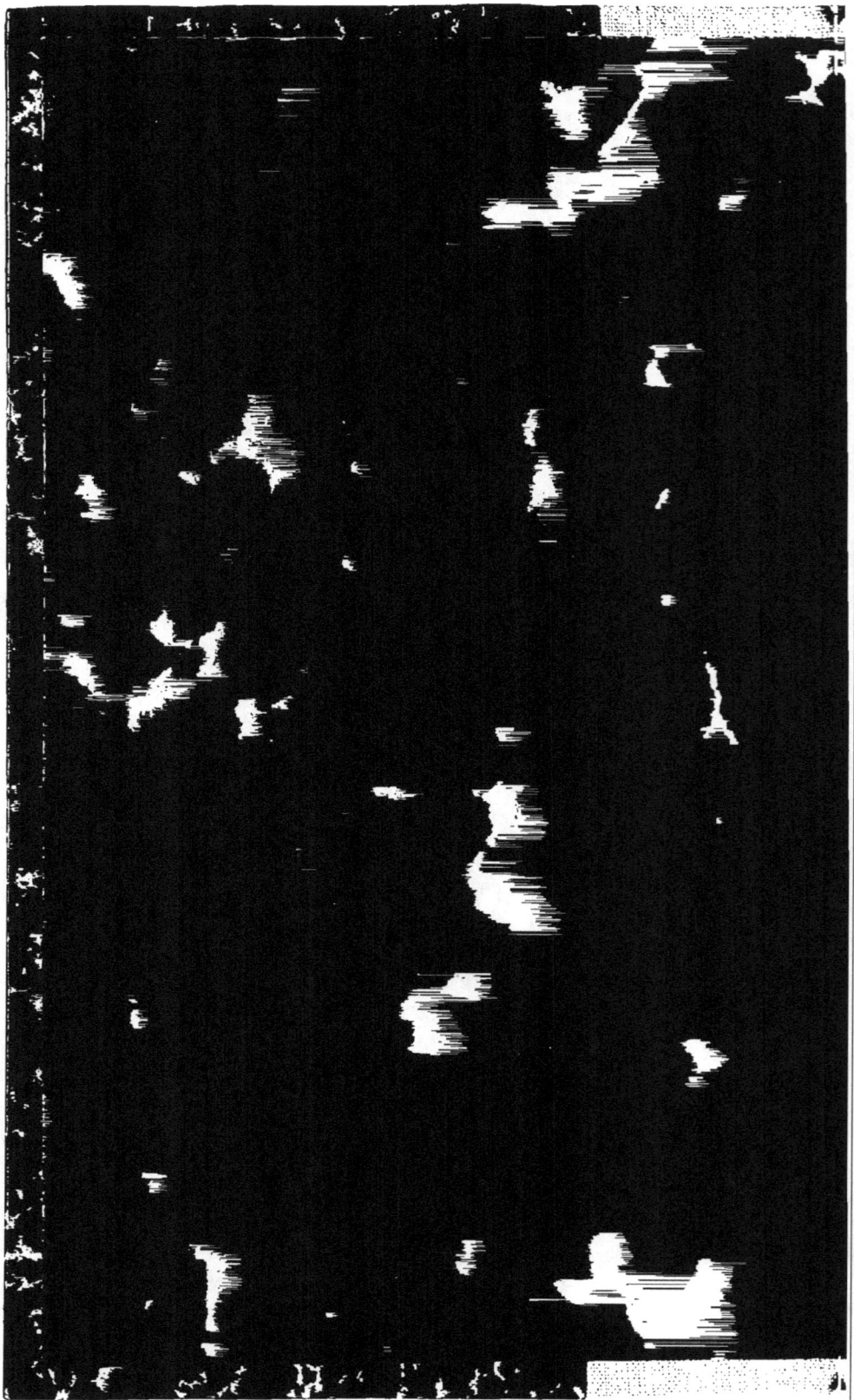

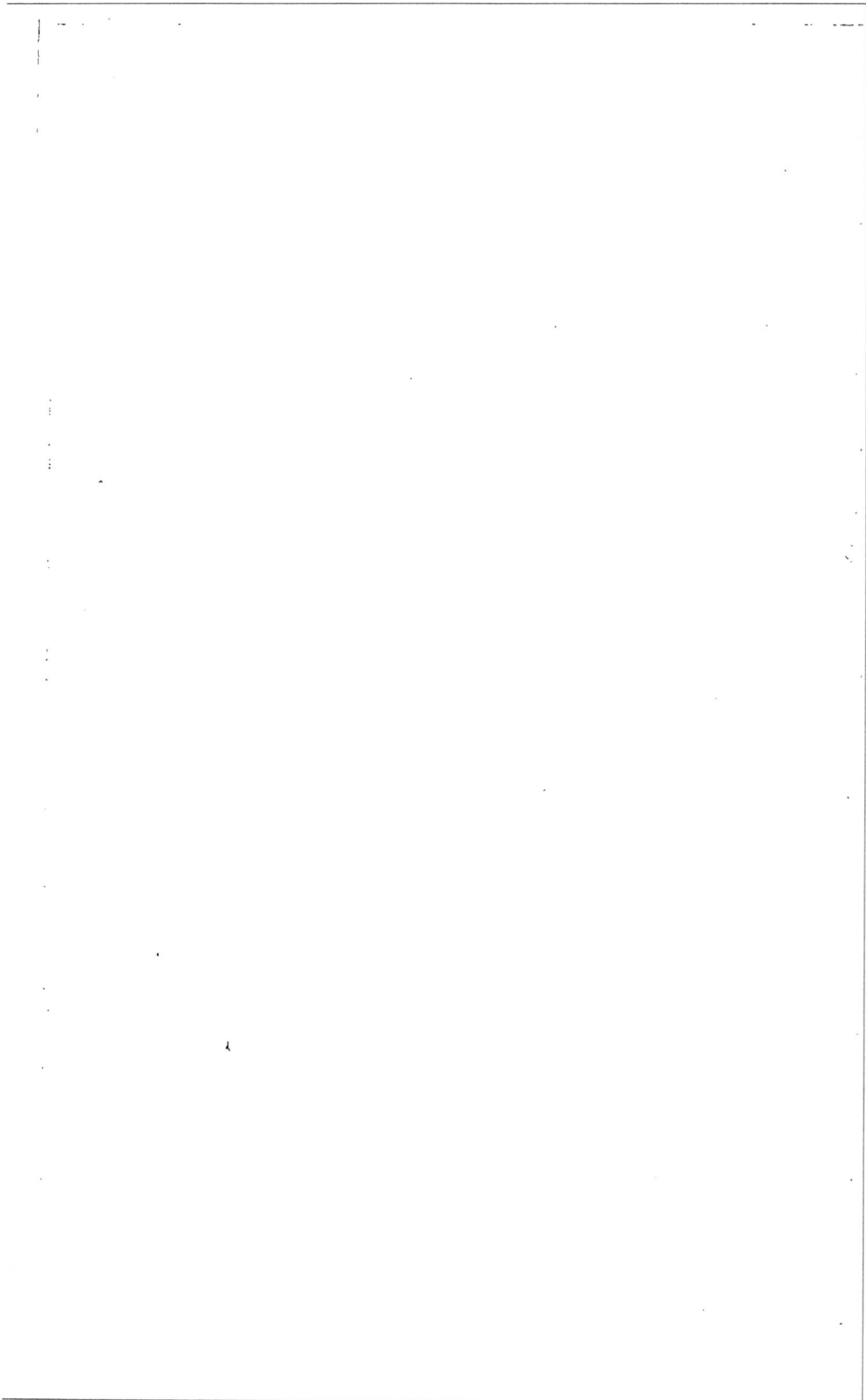

DUPLEIX

ET L'INDE FRANÇAISE

DU MÊME AUTEUR :

BARA, pièce de vers dite à l'inauguration de la statue de Bara.

EDGAR QUINET, pièce de vers dite à l'inauguration de la statue d'Edgar Quinet.

LES HÉROS DE LA JEUNESSE, poésie.

SOUS PRESSE :

HUMANITÉ, poésies.

TITANS ET PYGMÉES, études sur les grands hommes de la Révolution.

CARNOT, biographie.

LES GRANDS VOYAGEURS, en collaboration avec F. Fénéon.

J. F. DUPLEIX

NÉ A LANDRECIES
LE PREMIER JANVIER MDCXCVII
MORT A PARIS
LE ONZE NOVEMBRE MDCCLXIII

DUPLEIX

ET L'INDE FRANÇAISE

PAR

FABRE DES ESSARTS

DEUXIÈME ÉDITION

PARIS, CHARAVAY FRÈRES ET Cⁱᵉ ÉDITEURS

4, rue de Furstenberg, 4

1886

DUPLEIX

ET L'INDE FRANÇAISE

CHAPITRE I

DUPLEIX ENFANT. — PREMIÈRES ANNÉES.

PREMIERS VOYAGES.

Tracer l'histoire du héros de la colonisation française de l'Inde, c'est raconter en même temps l'histoire de cette colonisation. Telle est la considération qui nous a fait choisir Dupleix parmi ceux de nos compatriotes qui se sont illustrés dans ces lointaines contrées. Vous puiserez ainsi, chers enfants, dans la lecture de ce volume, des notions instructives sur un pays trop peu connu et pourtant si digne de l'être, et vous y trouverez la vie d'un homme de cœur et de génie, dont l'exemple vous profitera, autant par ses grandeurs que par ses faiblesses, et dans son triomphe aussi bien que dans sa chute.

Joseph François Dupleix naquit à Landrecies, le 1er janvier 1697. Son père, un des directeurs de cette

fameuse Compagnie des Indes, dont nous aurons
plus tard à parler, était un homme aux idées pratiques, mais étroites, financier avant tout, voulant
faire à tout prix un négociant du jeune François.

Celui-ci était au contraire une âme sensible et
douce, toute faite de rêve et de poésie.

Un biographe nous le montre, s'asseyant au
tomber du jour sur quelque rocher isolé, voisin
de l'Océan, et sondant du regard les profondeurs
de l'horizon, épris d'idéal et d'inconnu et se for-
geant déjà tout un monde d'extraordinaires
aventures. Au reste, il se livrait avec la même passion à tous les genres d'étude : poésie, musique,
sciences exactes, tout servait de pâture à son esprit avide de tout embrasser et de tout connaître.

Nous le retrouverons plus tard dans les Indes,
devenues sa conquête, alors même que les soucis
du commandement semblaient être son unique
préoccupation, se reposer plus d'une fois des fatigues de la lutte en préludant sur la harpe ou en
confiant au papier les inspirations que ces arden-
tes contrées faisaient éclore en son âme.

Dès l'âge de dix-huit ans, son père, toujours
tourmenté par le désir de le vouer au commerce,
l'embarqua sur un vaisseau en partance de Saint-
Malo. Le jeune Dupleix s'éloigna, ayant moins au
cœur la pensée de s'enrichir que l'espérance de
voir se réaliser ses rêves d'aventures.

Vous verrez, mes enfants, comment la suite des
événements donna un moment satisfaction aux
projets du père et à ceux du fils pour précipiter
ensuite toute cette fortune et toute cette gloire

dans un abime de misère et d'abandon. Et de notre récit sincère surgira pour vous un de ces utiles enseignements que donne l'histoire sur les vicissitudes du sort et l'injustice des grands.

Nous ne suivrons point le jeune Dupleix dans le cours de ses premiers voyages. Sans doute, ils furent semés de luttes et de périls, de péripéties variées dont le résumé ferait à lui seul un intéressant volume.

Vous savez comment on voyageait au temps de nos pères. L'art de la navigation n'avait point atteint le merveilleux développement que notre siècle lui a donné. On ne manœuvrait qu'à la voile : la vapeur n'avait point encore mis des ailes aux vaisseaux. Le calme plat était alors presque aussi redouté que la tempète, car il condamnait le bâtiment à une immobilité absolue. Aussi n'entreprenait-on les voyages au long cours qu'à de rares intervalles. Il fallait pour affronter pareille tâche se sentir toute la force de volonté d'un Christophe Colomb ou d'un Vasco de Gama.

Toutefois, à l'époque où notre héros commença sa carrière, les chemins des mondes nouveaux étaient depuis longtemps connus. Si le côté purement matériel de la navigation avait encore beaucoup à attendre du progrès, du moins ni le courage, ni l'audace ne manquaient à nos marins.

C'est sur les vaisseaux de la Compagnie des Indes que Dupleix fit ce que nous pourrions appeler ses premières armes, et c'est au contact des différents pays où les navires faisaient escale, que son génie colonisateur se féconda et se développa.

Il aperçut l'Inde, cette superbe contrée, où dormaient encore ensevelies tant de richesses ignorées, l'Inde, berceau sacré des vieilles civilisations, au bord duquel le Portugal, la Hollande et l'Angleterre étaient venues tour à tour établir leurs comptoirs, mais qu'aucune nation européenne n'avait encore consciencieusement visité.

Il vit l'Amérique; l'Amérique écrasée encore sous le joug de fer d'un peuple de marchands, mais cherchant déjà à s'affranchir de la tyrannie anglaise et attendant avec impatience l'heure où les Franklin, les Washington et les Lafayette, unis dans un sublime élan humanitaire, donneront une patrie aux esclaves de l'Empire Britannique et n'auront qu'à frapper le sol du Nouveau-Monde pour y faire germer la liberté!

CHAPITRE II

On savait vaguement au Moyen Age qu'il existait par delà le golfe persique, une contrée puissante, féconde en merveilles, riche en précieuses productions, qu'on se plaisait d'ailleurs à considérer comme le berceau du genre humain. Quelques rares voyageurs venus de ces régions lointaines en apportaient parfois des légendes bizarres, des contes étranges, dont le récit enchantait le manoir et la chaumière : mais c'était tout.

Aucune entreprise sérieuse n'avait encore mis l'Europe en contact direct avec les rives de l'Indus et du Gange. Les croisades elles-mêmes, cette gigantesque folie de la Croix, qui tint pendant trois siècles l'Occident en haleine et le précipita comme un seul homme sur le continent asiatique, les Croisades ne poussèrent pas un seul bataillon aventurier vers la grande presqu'île.

Pourtant, depuis bien des années déjà, l'Europe méridionale peuplait ses magasins des produits de l'Inde. Mais ces produits lui arrivaient de seconde main, par l'Egypte. D'ailleurs les Vénitiens et les Génois avaient le monopole à peu près exclusif de ce genre de commerce. Cette centralisation explique jusqu'à un certain point le peu d'empressement que les autres nations mettaient à remonter à la source de ces produits. Ils leur parvenaient ainsi régulièrement, à assez bon compte, sans risques de transport.

Du reste, aucune route sûre ne mène encore vers l'Inde. L'Arabie n'offre que de vastes déserts praticables seulement pour les caravanes. La Turquie d'Asie et la Perse sont peu hospitalières aux voyageurs européens, et se trouvent coupées de montagnes et de cours d'eau qui multiplient les obstacles devant chacun de leurs pas.

En 1498, Vasco de Gama, l'illustre explorateur portugais, découvre et double le cap des Tempêtes. Tout change. Une route nouvelle et facile est ouverte à l'Europe et le cap des Tempêtes devient le cap de Bonne-Espérance. Le jour n'est pas loin où l'Inde va se dévoiler à nous.

L'Inde! que de souvenirs enferme ce nom! Quel prodigieux ensemble de merveilles, quelles féériques perspectives, quelles radieuses échappées vers les zones de l'inconnu se présentent soudain à l'esprit à la seule pensée de cette incomparable région!

Les légendes mythiques en font le jardin de délices de l'humanité naissante. Il faut avouer qu'il était difficile de mieux choisir. Par sa situation, par son climat, par l'infinie variété de ses productions, l'Inde est le premier pays du monde.

Placée entre les deux profonds golfes d'Oman

UNE VUE DE L'INDE

et du Bengale, que l'Océan a creusés le long de ses flancs, l'Inde affecte la forme d'un triangle presque régulier, dont le cap Comorin indique le sommet et dont la chaîne de l'Hymalaya, la plus haute montagne du globe, trace la base. Des deux extrémités, est et ouest, de ce gigantesque rempart s'élancent deux vastes fleuves, le Brahmapoutre, mêlé au cours inférieur du Gange et le Sindh, qui, en déversant par mille embouchures leurs eaux dans les deux golfes dont on vient de parler, complètent ainsi la défense naturelle de cette immense citadelle de la première humanité.

Le littoral de l'Hindoustan est bordé à peu près dans toute son étendue par une longue chaîne montagneuse « les Ghâts », qui abrite la partie centrale du pays contre les vents qui viennent de la mer.

Des cours d'eau nombreux l'arrosent dans toutes les directions. Outre le Sindh, le Gange et le Brahmapoutre, citons le Godavery, la Nerbudda, la Kistnah. Au sud-est de l'Hindoustan, on trouve une grande île qui semble en être en quelque sorte la continuation : Ceylan.

Le pays tout entier reste privé de pluie pendant neuf mois de l'année. Mais l'industrie des habitants a su parer à cet inconvénient en multipliant sur tous les points des canaux d'irrigation.

Le sol y est d'une extrême fertilité. Les essences les plus diverses s'y développent avec une puissance de végétation dont nos forêts de haute futaie ne donnent qu'une bien faible idée : ce sont les

bananiers, les manguiers, les différentes variétés
de palmiers, l'arbre précieux qui fournit le bois
de teck, incorruptible aux vers, les banyans, les
bambous. Le riz, qui constitue la base de l'alimen-
tation des Indiens, l'indigo, qui fournit une belle
teinture bleue, le poivre, le tabac, l'opium, telles
sont les plantes dont la culture est la plus répan-
due dans l'Hindoustan.

Le règne minéral n'y offre pas moins de ressources au commerce et à l'industrie : l'or, le cuivre, l'étain et le fer abondent sur tous les points
de son territoire. Il y a également des diamants,
des rubis, des saphirs, de l'onyx et des amé-
thystes.

La seule contrée improductive de l'Inde est la
région qui s'étend près du cours moyen du Sindh.
Il y a là de vastes plaines sablonneuses où règne
une excessive chaleur.

La côte occidentale (Concan, Canare, Malabar,
Travencore) offre une ligne presque droite qui
s'étend de la presqu'île du Gudjerate au cap Comorin. Aussi y voit-on très peu de ports. Un voyageur n'en compte que quatre : Quilou, Cochin, Goa
et Bombay.

La côte orientale est beaucoup plus découpée, et
par cela même les vaisseaux y trouvent un certain
nombre d'abris sûrs. C'est du reste vers cette partie que les colonies européennes se sont concen-
trées.

Entre la chaîne des Ghâts et la mer, s'étendent
tout le long des côtes de grandes vallées, où l'on
récolte en abondance le poivre, la cannelle, le gin-

gembre, le cardamome, les citrons et le bois de sandal.

Les Ghâts de l'ouest sont en partie couverts d'immenses forêts, où l'on rencontre plusieurs tribus sauvages, notamment les Cadou-Kouroubasous, les Soligurous et les Iroulers, qui ignorent d'une façon à peu près absolue l'usage des vêtements. Leurs mœurs sont en général assez douces et même hospitalières jusqu'à un certain point. Une de leurs occupations favorites consiste à faire la chasse aux bêtes féroces, surtout aux panthères, très nombreuses dans ces régions.

Le cadre restreint qui nous est tracé ne nous permet pas de nous étendre longuement sur la géographie de l'Hindoustan. Nous nous bornerons à citer le nom des villes les plus importantes, soit par leur situation, soit par leur commerce ou le rôle qu'elles ont joué dans l'histoire de l'Inde.

Delhi, non loin de la Jumna, affluent du Gange, est une grande et belle cité dont la fondation, si l'on en croit la légende, remonterait à trente siècles avant notre ère. Les Hindous l'appellent Indrapeïcha. Elle renferme une grande mosquée, qui passe à juste titre, pour une merveille de l'architecture orientale.

Agra, sur la Jumna, renferme de somptueux palais et d'imposantes ruines. Mentionnons surtout la forteresse et la mosquée d'Akbar, qui, au dire de certains voyageurs, est le plus beau monument de l'Inde.

Bénarès, sur le Gange, remonte, elle aussi, à une très haute antiquité. C'est par excellence la

LA FORTERESSE L'AGRA

ville sainte des Hindous. Elle était autrefois un centre d'études philosophiques d'où rayonnaient toutes les doctrines qui se propagèrent plus tard dans le monde asiatique. Environ cinq siècles avant Jésus-Christ, Sakya-Mouni prêcha dans ses murs l'égalité de tous les hommes, et la fraternité de tous les peuples. Bénarès est demeurée depuis lors le rendez-vous des croyants de toutes les sectes religieuses de l'Inde. C'est aussi un centre industriel très remarquable. On y fabrique des étoffes de soie, des gazes d'une extrême légèreté, des tissus de brocart or et argent.

En descendant le Gange, on trouve Patna, la Palibothra des géographes grecs, qui fut visitée par les successeurs d'Alexandre. C'est une des villes les plus commerçantes de la contrée.

Calcutta, bâtie sur l'Hougly, un des bras du Gange inférieur est la capitale de l'Inde anglaise. Sa population s'élève à plus de 500,000 habitants.

Ellora, à l'ouest de l'embouchure du Godavery, se recommande surtout par un merveilleux spécimen de l'architecture hindoue : c'est un temple monolithe taillé dans un immense rocher de basalte. Ce travail empreint d'un caractère grandiose fut exécuté au neuvième siècle.

Surate, à l'entrée du golfe de Cambaye, sur la côte occidentale, contient un hôpital d'animaux, que les voyageurs ne manquent jamais de visiter. On y voit aussi les débris d'une vieille maison, que les guides signalent aux regards des curieux : c'est tout ce qui reste du premier comptoir français fondé dans les Indes.

LE TEMPLE D'ELLORA

Bombay, au sud de Surate, est le port le plus important de la côte. Cette ville devint la possession des Anglais par suite du mariage de l'un de leurs rois, comme nous le verrons plus loin. Elle est bâtie sur une île, dont le périmètre trace celui des murs de la ville. Aux environs, se trouve une autre île, celle d'Eléphanta, où le fanatisme hindou a creusé un immense temple souterrain. La pierre est malheureusement d'une nature assez friable. Aussi la plupart des sculptures qui le décoraient ont été fort endommagées par le temps.

Madras joua un rôle très important dans l'histoire moderne de l'Inde. Nous aurons souvent occasion de parler de cette ville. Elle se trouve sur la côte de Coromandel.

Finissons ce rapide aperçu en citant les noms des comptoirs français.

Pondichéry, grande ville, le chef-lieu de nos possessions de l'Hindoustan. Elle n'a malheureusement pas de port. La rade qui l'avoisine n'offre qu'un abri peu sûr aux vaisseaux. L'accès en est même assez dangereux lorsque souffle le vent du nord-est. On cultive sur son territoire le riz et l'indigo, qui constituent une de ses richesses.

Karikal n'a d'importance que par ses rizières et ses étoffes.

Chandernagor, sur l'Hougly, à 30 kilomètres de Calcutta. Elle est très utile par sa situation aux vaisseaux français qui font le commerce avec la ville anglaise.

Yanaon est une ville de peu d'étendue. La principale industrie du pays est le tissage des toiles.

Mahé est le seul comptoir que nous possédions sur la côte occidentale. On en exporte le poivre, la cannelle et le bois de sandal.

Nos cités françaises n'ont rien absolument de l'aspect étrange qu'offrent toutes ces villes orientales. L'industrie européenne a dû se plier aux exigences du climat et se conformer aux habitudes indigènes, autant que nos mœurs, nos coutumes, notre façon de vivre ont pu le permettre. Les comptoirs que nous venons de nommer sont en général formés d'agglomérations de petites villas, coupées çà et là de bouquets d'arbres et de jardins, sillonnés de ruisseaux. Quant à la distribution de ces villas, rien ne saurait en donner une idée plus exacte que cette description due à la plume d'un écrivain qui a longtemps séjourné dans ces contrées : « Le climat brûlant de l'Inde a forcé les Européens à chercher une forme de construction propre à leur procurer un peu d'ombre et de fraîcheur. La forme qui a résolu ce problème est un vaste hangar de bois, où des pieux sans nombre supportent un toit immense recouvert de feuilles de palmier. L'intérieur en est divisé en divers appartements et l'air circule avec facilité sous cette immense toiture, qui fait l'effet d'une tente. Rien de plus confortable et de plus frais que ces bengalows ».

CHAPITRE III

L'INDE ANCIENNE. — MYTHOLOGIE.

BIZARRES CROYANCES ET BIZARRES PRATIQUES.

BRAHMA ET BOUDDHA.

Il est à peu près impossible de faire une histoire
de l'Inde ancienne, faute de données sérieuses.
C'est à peine si l'on arrive à force de recherches
et de patience, à pouvoir en fixer les grandes
époques. Les récits des *Védas* sont remplis de
légendes si extraordinairement fabuleuses qu'il
est bien difficile de démêler la vérité de tout ce
fatras mythologique. Jugez plutôt. Les écrivains
hindous divisent leur histoire en quatre périodes,
ou *jog* : l'âge d'or, l'âge d'argent, l'âge de cuivre
et l'âge de terre. Ils racontent que durant la première de ces périodes, les hommes étaient tous
purs et vertueux. Assertion bien hasardée! Je
doute fort qu'en ces jours lointains, où l'homme
primitif n'avait guère souci que du côté matériel
et bestial de la vie, la vertu fût chose si commune.
Mais voici bien d'autres merveilles. La durée de
la vie humaine atteignait alors le chiffre prodigieux de cent mille années! Il est vrai que le plus

petit homme en ces temps privilégiés ne mesurait
pas moins de dix à quinze mètres. On le voit, tout
était en parfaite harmonie.

Un fait indéniable se dégage toutefois des légendes védiques. C'est la division, remontant aux
époques les plus reculées, du peuple hindou en
quatre castes distinctes : au sommet de l'édifice
social sont les brahmes ou prêtres, en second lieu,
les chatryas ou guerriers. Puis viennent les vaysias
ou laboureurs. Puis enfin les sudras ou artisans.
Organisation étrange, mais si profondement éta-
blie, si rudement enracinée dans le vieux sol indien, qu'aujourd'hui encore un brahme se ferait
un crime de serrer la main à un chatrya, et qu'un
vaysiah se considérerait comme déshonoré s'il
avait couché dans la demeure d'un sudra.

Les uns et les autres sont nés, dit la légende,
de Brahma, le grand dieu de l'Inde, sur lequel
nous reviendrons plus tard. La partie divine qui
leur a donné le jour constitue leur degré de supé-
riorité. Ainsi les brahmes sont nés de la tête du
dieu, les chatryas de ses bras, les vaysias de son
ventre et les sudras de ses pieds. Et n'allez pas
croire, mes enfants, que cette division en castes
soit une simple mesure d'ordre ou de police. C'est
bel et bien la plus odieuse consécration de la plus
complète inégalité. Inégalité devant la loi civile,
inégalité devant la loi religieuse. La personne du
brahme est inviolable. Le moindre manque de
respect à son égard est considéré comme un crime
abominable. Tout individu appartenant à une
autre caste qui s'assoirait sur sa chaise aurait les

chairs labourées d'un fer rouge.

N'insistons pas sur ces horreurs.

Quiconque s'est rendu coupable de quelque grave méfait est solennellement expulsé de sa caste. Il rentre alors dans la catégorie des Parias, groupe misérable voué à toutes les malédictions, n'ayant ni le droit d'habiter les villes, ni de se baigner dans le Gange, ni même de lire les livres sacrés.

Des milliers d'années se sont écoulées depuis le jour où Manou, le législateur indien, établit toutes ces belles choses. Des révolutions sans nombre ont ravagé l'Inde : mais ni le temps ni les révolutions n'ont pu renverser ses castes, ni modifier ses lois.

Il est curieux de lire dans les livres de Manou le système des Hindous sur la formation de l'univers. Au commencement était Brahma, l'âme des âmes, seul, immense et un. Fatigué de son éternelle solitude, il crée d'abord les eaux, puis y dépose un germe, qui devient bientôt un œuf. Au bout d'un trillon cinq cents cinquante cinq milliards et quelques millions d'années, l'œuf se partagea en deux. L'une de ses moitiés forma la terre, l'autre le ciel. Brahma procéda ensuite à la création de tous les êtres animés et inanimés. C'est alors qu'il tira des différentes parties de son corps les hommes des quatre castes hindoues, ainsi que je l'ai dit tout à l'heure.

Brahma est un dieu triple, quoique unique, qui se manifeste alternativement sous le nom proprement dit de Brahma, comme principe créateur,

ASPECT D'UNE VILLE ORIENTALE AUX INDES

sous celui de Vischnou, comme principe conserva-
teur, et enfin sous celui de Schiva, comme principe
destructeur. Comprenez-vous que le principe qui
détruit soit enfermé dans la même essence que
celui qui conserve? Mais les Védas contiennent
bien d'autres mystères. Que dire, par exemple,
des innombrables incarnations de Vischnou, qui
se révèle tour à tour sous la forme d'un poisson,
d'un sanglier, d'un homme à tête de lion? J'en
passe et des plus bizarres.

Mais quelque ancienne que soit la religion de
Brahma, il est certain qu'elle a remplacé un culte
d'origine plus lointaine encore. Les premiers habitants de l'Inde, comme la plupart des peuples pri-
mitifs, ont commencé par adorer les forces de la
nature. Cette tendance générale à diviniser les
grands spectacles de la terre et du ciel s'explique
par la terreur qu'ils inspiraient à ces générations
ignorantes et grossières.

Le dieu suprême de cette première phase religieuse est Indra, personnification du ciel. Puis
vient Agni, dieu du feu, protecteur du foyer. Le
soleil est dieu, lui aussi : il reçoit les différents
noms d'Adytias, de Savitri et de Mithra. La mort
elle-même a sa place dans le panthéon primitif de
l'Inde : elle s'appelle Yama.

Les Hindous admettent la métempsychose, c'est-
à-dire le passage de l'âme d'un corps dans un
autre. Suivant que notre vie aura été plus ou moins
pure, plus ou moins souillée, notre esprit entrera
à l'heure de la mort dans le corps d'un poisson,
d'un éléphant, d'un porc ou d'une vache. Afin de

FAKIR QUI SE LAISSA MOURIR DE FAIM

mériter pour séjour le corps d'un animal noble et de s'abîmer un jour dans le sein de Brahma, les Hindous se livrent souvent à des pénitences qui durent une partie de leur vie et dont la description fait frémir. Il en est qui se condamnent à garder indéfiniment les poings fermés ou les bras levés vers le ciel. D'autres tiennent les yeux fixés sur le soleil jusqu'à ce que la cécité se soit produite. Quelques-uns se couchent sur des lits hérissés de pointes de fer ou s'enterrent jusqu'au cou dans du sable brûlant.

Les fanatiques qui s'imposent ces tortures portent le nom de fakirs. Ils jouissent parmi le peuple d'une vénération, qui est en rapport avec l'horreur de la pénitence dont ils ont fait choix.

On les croit en communication directe et constante avec Brahma. Aussi leur attribue-t-on une foule de pouvoirs occultes : opinion qu'ils savent entretenir par nombre de tours d'escamotage très adroitement exécutés du reste, et si étonnants comme résultats, que plusieurs savants européens y ont eux-mêmes perdu leur grec et leur latin. Lire à ce propos le très intéressant ouvrage de M. Jacolliot, intitulé : « Voyage au pays des Fakirs. »

Rien n'est contagieux comme le fanatisme. L'exemple des fakirs entraîne parfois des malheureux à sacrifier leur propre vie et même celle de leurs enfants à leurs grotesques idoles. Au milieu de certaines solennités, il n'est pas rare de voir des hommes, des enfants, des mères de famille avec leurs nourrissons se précipiter sous les roues du char gigantesque qui porte les statues des dieux

Il est vrai, — les *Védas*, du moins l'affirment, — que les âmes des corps ainsi broyés par le char sacré s'envolent directement au ciel. De tout temps le fanatisme a eu ses martyrs. (1)

Par une conséquence naturelle de la croyance à la métempsychose, les Hindous se font un scrupule d'attenter à la vie des animaux. Ce même croyant qui se déchire la chair et se brûle les yeux ne consentirait pour rien au monde à écraser une puce ou à manger une huître. Songez donc, l'âme de ses ancêtres y est peut-être enfermée.

Il y a plus. Certaines villes, Bombay entre autres, possèdent de véritables hospices d'animaux, où sont logés et nourris les chevaux infirmes, les vieux singes et principalement les veaux malades ; ces derniers jouissent d'une considération toute spéciale, le dieu Schiva s'étant incarné dans un individu de leur espèce.

La vénération que professent les Hindous pour les animaux n'est égalée que par le culte qu'ils ont pour les fous et les idiots, qu'ils regardent comme les élus du grand Brahma.

Les Brahmes, caste intelligente et instruite ne s'imposent presque jamais les mortifications dont la masse des fidèles est si fanatique. Ils vivent bien et se soucient fort peu de donner l'exemple des pratiques qu'ils prêchent.

A l'instar des Grecs et des Romains, les Hin-

1. Une forme de fanatisme non moins horrible, mais qui tend aujourd'hui à disparaîtr, c'est le précepte religieux qui oblige les veuves à se précipiter dans les flammes qui dévorent le cadavre de leur mari.

ABLUTIONS AU BORD DU GANGE

dous ont l'habitude de brûler les morts. Les rives du Gange et de quelques autres fleuves sont bordées d'établissements à cet effet, que les Européens nomment des « brûleries » et d'où s'élèvent incessamment des flots d'une épaisse fumée, qui mêle dans l'atmosphère la senteur des aromates et l'odeur de la chair grillée.

Mais cette inégalité qui règne d'une façon si inexorable sur la vie de l'Hindou, ne s'efface pas même après la mort : les pauvres ne sont pas brûlés! leurs cadavres sont jetés dans le Gange, où ils ne tardent pas à devenir la proie du vautour et de l'oiseau philosophe.

Le Gange est du reste le fleuve sacré des Hindous, qui le considèrent comme une sorte de divinité tutélaire. Une de leurs pratiques religieuses favorites consiste à faire des ablutions dans ses flots. Ils y viennent des points les plus éloignés de la presqu'île, et c'est pour eux une sorte de pèlerinage qui leur assure toute espèce de mérites aux yeux de Brahma.

Un autre pèlerinage qui ne leur est pas moins recommandé, c'est celui de Bénarès. Tout Hindou bien pensant doit se rendre au moins une fois en sa vie dans cette capitale du fanatisme hindou, et y faire ses dévotions dans le temple de Schiva. Quiconque a le bonheur de mourir dans la ville sainte est dispensé dans l'autre vie de la série des transmigrations.

Les Parsis ou adorateurs du feu forment une secte à part, assez nombreuse dans l'Hindoustan. Ils paraissent s'être surtout concentrés à Bombay où ils exercent la profession d'interprètes sous le nom de daubachys.

A une époque que l'on ne saurait trop préciser, il se produisit une révolution religieuse, qui faillit détruire à tout jamais le culte brahmanique. Un nommé Bouddha, (1) dont l'histoire n'est pas sans analogie avec celle du Christ, se mit à prêcher une doctrine qui abolissait le principe des castes, proclamait l'égalité absolue de tous les hommes et accordait à chacun selon son mérite.

Les Brahmes essayèrent d'étouffer cette révolution dans le sang; mais ils ne réussirent à en arrêter les conséquences qu'à la condition d'accepter un compromis. Bouddha fut admis par eux au nombre de leurs fétiches et devint une des innombrables incarnations de Vichnou.

1. Ce personnage paraît être le même que Christna ou Sakya-Mouni.

CHAPITRE IV

APERÇU HISTORIQUE SUR L'INDE ANCIENNE.

LITTÉRATURE. — LANGUE.

D'épaisses ténèbres, nous l'avons dit, pèsent sur l'histoire de l'Inde ancienne. Çà et là, quelques éclairs déchirent cette nuit, mais ce n'est guère qu'à partir de l'époque d'Alexandre qu'il est possible de suivre la trace du passé. Essayons de résumer ces données éparses avant de passer aux événements plus modernes et plus connus. Nous savons d'abord qu'une partie de l'Hindoustan était englobée dans l'immense empire de Darius. Alexandre en soumettant la Perse alla jusqu'au Sindh, mais ne le dépassa pas. Un des héritiers qui se partagèrent son vaste royaume poussa plus loin ses conquêtes et parvint jusqu'au cœur de l'Inde. Puis ce fut le tour des Tartares, qui, eux aussi, régnèrent sur les provinces situées au delà du Sindh. Les successeurs de Mahomet tournèrent également leurs armes vers un pays si bien fait pour solliciter toutes les ambitions. Ceci nous porte jusqu'à l'an 1000 de notre ère. Le conquérant mahométan le plus célèbre de cette époque est

3

le sultan Mahmoud, qui s'empare de Delhi et
s'avance jusqu'à Kanoge, sur le cours inférieur
du Gange.

Le célèbre Tamerlan, si justement nommé par
les Hindous le Prince de la Destruction, se précipite sur l'Inde avec ses hordes de Tartares, vers
l'année 1397, s'empare de Multan et de Lahore
et passe leurs habitants au fil de l'épée. On dit que
durant son expédition, ce hideux tueur d'hommes
fit dans une autre circonstance massacrer froide-
ment cent mille prisonniers !

Arrêtons ici le récit de toutes ces sanglantes
conquêtes. Nous touchons à l'époque moderne.
Les massacres seront nombreux encore, mais les
conquérants ne se borneront plus à détruire, ils
fonderont aussi.

Un fait qu'il n'est pas hors de propos de signa-
ler ici, c'est l'existence dans l'Inde de deux courants civilisateurs distincts. L'un remonte aux
époques les plus reculées, l'autre commence avec
Babour et l'invasion musulmane, dont nous par-
lerons plus loin.

Quand un conquérant s'établit sur le territoire
d'un autre peuple, il ne tarde pas à s'opérer une
fusion entre les mœurs, le langage, les arts de
l'un et de l'autre, et les années se succédant, le
mélange finit par être si complet qu'il n'y a plus
possibilité de discerner les éléments qui le compo-
sent. Ici rien de semblable. Les deux courants ont
traversé les siècles sans jamais se confondre.

Tout en vivant à côté des mahométans, les Hindous ont conservé intacts leurs croyances, leur

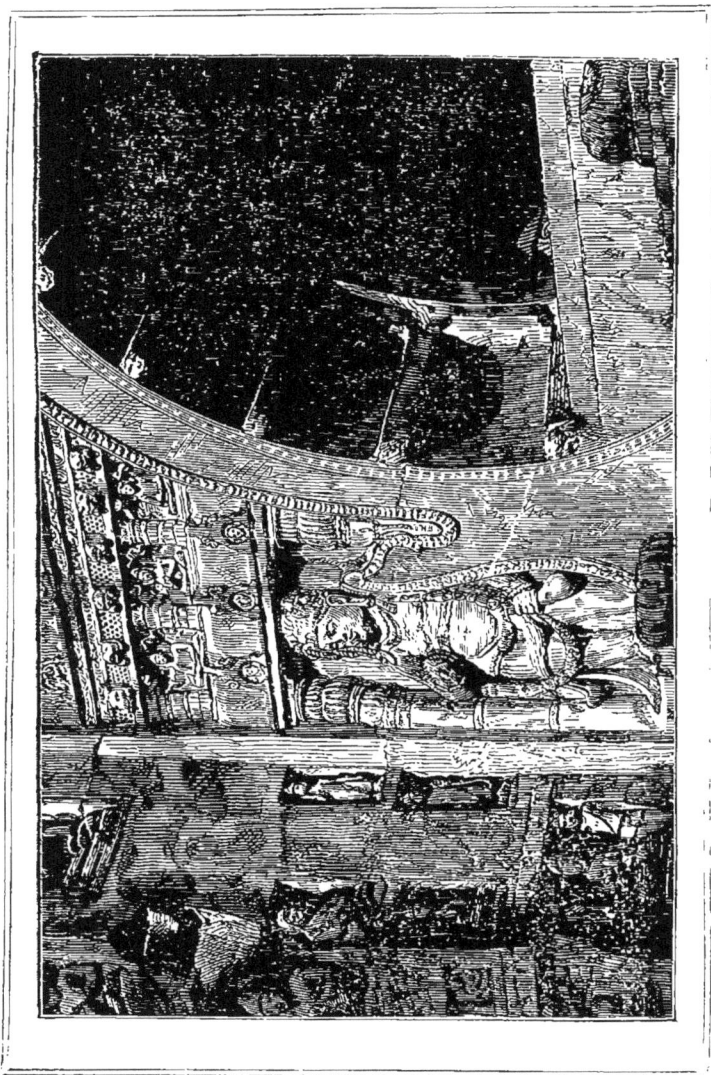

...ES SCULPTÉES A LA PORTE D'UN TEMPLE HINDOU

système politique, leur littérature et jusqu'à leur architecture.

De même, les sectateurs de l'Islam n'ont jamais rien dû à l'influence de leurs voisins les Hindous. C'est surtout en visitant les monuments de l'Hindoustan qu'on est frappé de ce phénomène, unique peut-être dans l'histoire des peuples.

Les pagodes hindoues ont un caractère absolument différent des mosquées musulmanes. Dans les premières, tout a un cachet d'écrasante grandeur : ce sont de gigantesques statues, d'énormes entassements de bas-reliefs chargés de figures emblématiques. Voyez le temple d'Ellora. Dans les constructions dues à l'art mahométan tout paraît au contraire élancé, gracieux, élégant : c'est le triomphe de l'arabesque et de la coupole orientale. Pas de statues, mais un luxe inouï de ciselures, une profusion presque sans mesure d'ornements capricieux, le fini le plus exquis dans le détail. Voyez la mosquée d'Ackbar ou le tombeau de Rundjet Sing à Lahore.

Il est bien certain d'ailleurs que la civilisation hindoue n'avait rien à gagner au contact de l'invasion musulmane. Non seulement avant Babour, mais avant tout le Moyen Age, avant l'ère chrétienne, avant Homère peut-être, l'Inde possédait déjà une merveilleuse littérature. Des recherches récentes ont mis à découvert toute une mine de puissantes productions, poèmes palpitants d'imagination, drames émouvants, curieuses légendes, dont nos pères ne soupçonnaient même pas l'existence.

Les Hindous paraissent avoir connu l'usage du papier dès la plus haute antiquité. Seulement, au lieu de le fabriquer avec du coton, comme nous, ils le préparent avec l'écorce d'un arbuste spécial. En guise de plume, ils emploient des baguettes de roseaux qu'ils taillent à peu près comme nous taillons les plumes d'oie. Quand le papier leur manque, ils se servent de feuilles de palmier ou de petites tablettes de bois.

A son origine, la littérature hindoue est purement sacrée. Il en est de même de toutes les littératures. Elles commencent par célébrer l'inconnu, le surnaturel, avant de s'occuper des réalités de la vie. Les *Védas* constituent un des plus anciens monuments de cette période primitive. Ce sont des recueils de prières, d'hymnes et de préceptes religieux. Les *Védas* redisent aussi les exploits des dieux, l'histoire de leurs incarnations et de leurs manifestations.

Les *Védas* comprennent une quadruple division :

1° Le *Rig-Véda,* qui est sans contredit la partie la plus remarquable de la Bible hindoue. Il se compose d'hymnes adressés aux éléments, considérés comme principes divins, tels que l'eau, le feu, l'air, la lumière, etc. Le Rig-Véda a été rédigé par une réunion de *richis* ou sages.

2° Le *Gadjour-Véda,* recueil de prières et d'invocations, qui ont pour soi-disant effet de consacrer les objets servant au culte et particulièrement à l'oblation des sacrifices.

3° Le *Samâ-Véda,* recueil d'hymnes et de prières

funèbres.

4° L'*Athara-Véda,* qui semble d'une composition plus récente que les trois autres et qui n'en est en quelque sorte que le complément.

On peut ranger dans la catégorie des poèmes sacrés le *Mahabarata,* sorte de poème épique, où sont retracés les hauts faits de deux anciens rois légendaires de l'Inde.

Mais c'est surtout à partir de la période profane que la littérature hindoue offre un attachant intérêt. Elle s'affranchit par degrés des entraves du mysticisme : elle y gagne en clarté, en inspiration, en sublimes élans. « La poésie indienne, dit un critique, est empreinte d'une délicatesse élégiaque dont elle est redevable à Valmiki, le plus ancien de ses poètes, qui célébra autrefois dans un style tendre et touchant les plaintes d'une jeune fille délaissée. » Ce Valmiki est généralement regardé comme l'auteur de l'épopée qui a pour titre *Ramayana* et qui passe à juste raison pour un chef-d'œuvre.

Il est avéré aujourd'hui que le *Ramayana* est le résultat d'une collaboration, de même que l'Iliade et l'Odyssée. Valmiki n'a fait que coordonner, rapprocher et souder différents fragments épiques, œuvres de poëtes divers. Néanmoins, c'est à lui que la meilleure part de gloire doit revenir, de la même façon qu'il faut attribuer à Homère le plus pur mérite des deux œuvres immortelles que nous venons de citer. En effet, unir et fondre les éléments empruntés, d'une manière aussi intime, faire sortir de l'ensemble une unité aussi profonde, dissimuler les points de jonction avec un

TOMBEAU DE RUNDJET SING A LAHORE

art aussi merveilleux, n'est-ce pas accomplir un travail génial?

L'auteur du *Ramayana* s'est attaché à mettre sous les yeux de ses lecteurs le type d'un héros parfait, craignant les dieux, faisant le bien par passion, afin qu'il pût servir de divin modèle aux héros et aux rois des races futures.

Bien avant que Sophocle et Euripide eussent doté le théâtre grec de leurs immortelles tragédies, les Hindous avaient des drames conçus et conduits dans toutes les règles de l'Art. On cite généralement parmi les principaux auteurs dramatiques de l'Inde, Kalidaça.

On n'est d'accord ni sur le lieu de sa naissance, ni sur la longueur de sa vie, ni sur l'époque où il vivait. Sur ce dernier point, il existe même une divergence d'opinion qui varie entre le premier siècle après J.-C. et le onzième de la même ère.

Quoi qu'il en soit, Kalidaça passe, non sans raison, pour *l'astre le plus brillant du ciel de la poésie d'art,* au delà du Sindh. Telle est l'expression d'un savant critique. Et il la fortifie en énumérant toutes les qualités de l'œuvre du célèbre auteur : extrême délicatesse de sentiments, infinie variété dans la création, heureux choix des sujets, richesse d'imagination, etc.

La meilleure pièce de Kalidaça est *Sakountala* ou *l'Anneau de la Destinée.* Voici ce qu'en dit Herder, un savant critique allemand : « Toutes les scènes sont liées avec des chaines de fleurs, et chacune d'elles nait et se développe naturellement comme une belle plante. On y trouve une infinité d'idées délicates et élevées, de figures gracieuses et sublimes, qu'on chercherait vainement dans un auteur grec, car le génie de l'Inde s'est communiqué au poète, au pays et à la nation. »

Le fait est que *Sakountala* et le drame indien en général ressemblent beaucoup plus à une pièce de Victor Hugo qu'à une tragédie de Corneille. Là, comme dans le théâtre romantique, nul souci de la division des genres. L'élément comique et l'élément tragique se rencontrent souvent dans le même acte, quelquefois dans la même scène. Qui pourrait s'en plaindre? La vie n'est-elle pas faite ainsi?

Nous pensons, pour notre part que Kalidaça a bien mérité de la postérité, en devançant ainsi de plusieurs siècles la grande Révolution dramatique de 1830.

Toutefois le théâtre indien se rapproche par d'autres côtés de celui de Grèce. Ainsi, il n'admet point les catastrophes sanglantes. On ne meurt point sur la scène. En cet ordre d'idées, les auteurs poussent même le scrupule jusqu'à ne jamais annoncer le trépas du héros ou de l'héroïne.

« Les égards pour la bienséance, » dit M. Foucaux, « sont portés aussi loin que possible. Aucune parole, aucun geste ne doit blesser les oreilles ou les yeux du spectateur! »

Un autre point de ressemblance avec la tragédie grecque est dans la longueur des pièces. Les Hindous ont aussi leurs *trilogies* et leurs *tétralogies*, c'est-à-dire des séries de trois et quatre pièces

se faisant suite, se complétant les unes les autres
et dont la représentation durait quelquefois plusieurs jours.

« Il paraît qu'on ne jouait des pièces que dans
les occasions solennelles ou publiques.

« Elles avaient ce rapport avec les pièces athé-
niennes, qui se représentaient à des époques éloi-
gnées, et principalement aux fêtes de Bacchus.
Suivant les auteurs indiens, les occasions convenables pour les représentations dramatiques sont
les jours sacrés du mois lunaire, le couronnement
d'un roi, les réunions au moment des solennités
religieuses, les mariages, la rencontre d'anciens
amis, la prise de possession d'une maison ou
d'une ville, et la naissance d'un fils. Cependant la
circonstance la plus ordinaire était la fête de quelque divinité. Comme les pièces indiennes n'étaient
jouées que par circonstance, on comprend facile-
ment pourquoi elles pouvaient être plus longues
que les nôtres, pourquoi aussi elles sont en si
petit nombre. »

On s'étonne, à bon droit, que la littérature hindoue ait pu atteindre un si magnifique développement sous un régime politique qui, en maintenant
le système des castes, devait fatalement paralyser
une partie des forces vives de la nation. Cela prouve
combien ce peuple était superbement doué. Que
d'autres chefs-d'œuvre n'eut-il pas produits si,
proclamant le grand principe de l'égalité, les gou-
vernants n'eussent pas fait de l'instruction et de
la liberté l'apanage exclusif d'une ou deux classes
privilégiées !

LE FLEUVE SACRÉ

Sans nous abandonner ici à une dissertation philologique qui dépasserait notre programme et qui ne vous intéresserait guère, chers enfants, nous ne pouvons cependant omettre de vous dire quelques mots de la langue dans laquelle ont été écrits les chefs-d'œuvre que nous venons de vous

(Gauche.) Sanscrit.

रहु एव वचनम् आह पं श्वल्यादि नवभिः श्रोते

(Idem.) Pali

(Idem.) Bengali.

DIFFÉRENTES ÉCRITURES DE L'INDE

faire entrevoir. Cette langue a une filiation directe avec le grec et le latin, d'où est né le français, comme vous le savez sans doute. Les savants la divisent généralement en trois idiômes différents : le sanskrit, le pràkrit, le paisachi.

Le sanskrit est la langue sacrée par excellence.

« Le mot *Samskrita*, comme l'écrivent les Indiens, signifie ce qui a été rendu convenable ou parfait. Mais le sanskrit n'est pas appelé ainsi, parce que les brahmanes, encore moins les premiers Européens, qui s'en sont occupés, l'ont considéré comme le plus parfait des langages.

« *Sanskrit* signifie ce qui a été rendu convenable pour les choses sacrées, et par suite, purifié, sacré. Tout vase purifié, toute victime préparée pour le sacrifice, tout homme qui a passé par les rites de l'initiation est appelé *Samskrita*. C'est pour cela que l'ancien idiome des Védas, qui était seul convenable pour les cérémonies sacrées, fut appelé *Samskrita*. »

C'est en sanskrit que sont écrits tous les *Védas*, tous les livres religieux et profanes. C'est une langue merveilleusement riche, très imagée d'ailleurs, comme toutes les langues primitives. Elle n'est plus parlée aujourd'hui. Mais elle a donné naissance à une trop belle littérature pour qu'on l'oublie.

Le prakrit est la langue vulgaire, celle dont les Hindous font usage dans le commerce ordinaire de la vie. Moins riche que le sanskrit, elle n'en a pas moins un puissant coloris, une étonnante souplesse. Elle se subdivise en une infinité de dialectes, qui sont parlés dans les différentes régions.

Le paisachi est la langue des peuples des montagnes.

Il faut ajouter à cette nomenclature le maghadi, dénomination générique qui s'applique à tous les idiomes introduits par les différents conquérants de l'Inde.

Nous ne pouvions mieux finir ce court exposé qu'en reproduisant le jugement de M. L. A. Martin sur le sanskrit : « C'est cette langue, la plus

complète, la plus riche des langues de l'antiquité,
la mère des idiômes européens, qui a exprimé les
croyances, les idées, les sentiments poétiques, religieux et philosophiques les plus anciennement
conçus : c'est là que le génie grec a puisé, comme
à une source abondante, les éléments d'une nouvelle civilisation. »

CHAPITRE V

DIVERSES PHASES DE COLONISATION

L'année 1525, Babour, qui descendait à la fois de Tamerlan et de Gengiskhan, les deux plus terribles conquérants du Moyen Age, franchit le Sindh et ne tarde pas à étendre sa domination sur l'Hindoustan tout entier. Il avait pour lieutenant son fils Humayoon et trainait à sa suite l'armée des farouches Mogols.

Singulier personnage que ce Babour! Il est comme un étrange résumé du Moyen-Age qui s'achève, plein comme lui de contradictions et d'antithèses, de férocité et de grandeur! Magnanime et débauché, il adore la musique. Il est à la fois pieux et cruel, barbare et raffiné, superstitieux et sceptique. Tour à tour il élève des pyramides de têtes humaines et compose des poèmes, massacre les vaincus et rédige ses mémoires.

Babour mourut en 1520. Son fils Humayoon voit son trône ébranlé par les Afghans, qui sont sur le point de substituer leur domination à celle des Mogols. Humayoon finit par triompher, mais il ne jouit que quelques mois de sa victoire et mourut

des suites d'une chute sur un escalier de marbre.
Poète comme son père, il a laissé comme lui l'histoire de sa vie et différentes études sur les
sciences.

Ackbar, fils et successeur d'Humayoon, eut à
lutter longuement, lui aussi, contre les prétentions des princes afghans. La vie des camps, les
mille dangers auxquels son enfance avait été ex-
posée, tout avait contribué à tremper fortement
son caractère et à doubler chez lui un courage qui
paraissait héréditaire dans sa famille. Ce fut d'ailleurs un habile administrateur, et s'il ne fut pas
lui-même auteur comme son père et son aïeul, il
aimait du moins et recherchait la société des pen-
seurs et des savants. Il fut en quelque sorte le
Louis XIV de la dynastie mogole. S'il n'eut pas
tous les défauts du Roi-Soleil, il lui ressemble du
moins d'une façon frappante par le soin qu'il prit
de grouper autour de lui toutes les célébrités litté-
raires de son époque et plus encore par les flatte-
ries insensées dont il fut l'objet. Ferishta, un auteur de son siècle, a dit de lui: « Les défauts
d'Ackbar sont des vertus poussées à l'extrême :
son nom vit et vivra sans cesse pour porter dans
les siècles à venir la gloire de la maison de Timour.
Il vivra pour servir de modèle à tous les rois de
l'univers. »

Il est dificile de pousser plus loin le fétichisme.
Il reste d'ailleurs de ce roi le souvenir de la protection qu'il accorda aux lettres, et plusieurs
somptueux monuments dont il orna sa capitale.

Il n'est point hors de propos d'insister un mo-

BABOUR FONDATEUR DE LA DYNASTIE MOGOLE
d'après une miniature indienne.

ment sur cette noble figure historique qui fut le grand Akbar. Akbar! un roi protecteur des lettres, ami des poètes, un roi surtout qui tolère qu'on adore un autre dieu que le sien ! Cette variété de souverain vaut, par sa rareté, la peine qu'on s'y arrête. Relisons ensemble, mes enfants, la réponse que ce roi fit un jour au prince Sélim, son fils, (depuis Jehangire,) qui lui demandait la raison des ménagements avec lesquels les idolâtres de ses états étaient alors traités :

« Mon cher fils, je suis un puissant monarque, l'ombre de Dieu sur la terre. Je vois que le Tout-Puissant accorde les bienfaits de sa gracieuse providence à toutes les créatures sans distinction ; je remplirais mal les devoirs du rang suprème, si je retirais ma compassion ou mon indulgence d'aucun de ceux qui sont confiés à ma charge. Je suis en paix avec la grande famille humaine, avec toutes les créatures de Dieu : pourquoi donc me permettrais-je, par quelque motif que ce fût, d'être la cause de molestations ou d'agressions envers qui que ce soit? D'ailleurs, les cinq sixièmes de l'humanité ne se composent-ils pas, soit d'Hindous, soit d'autres infidèles? Et si je me livrais aux sentiments qu'indique la question que vous m'adressez, quelle autre alternative me resterait-il que de les exterminer tous? J'ai donc cru que le parti le plus simple était de les laisser tranquilles. — Il ne faut pas oublier d'abord que la classe dont nous parlons (ainsi que les autres habitants d'Agra) est utilement occupée soit de l'étude des sciences, soit de la pratique et du perfectionnement des arts utiles à l'humanité. Un grand nombre d'Hindous sont arrivés aux plus hautes distinctions dans l'État, et l'on rencontre, à vrai dire, dans cette capitale des hommes de toutes les races et de toutes les religions, qui existent sur la surface du globe et auxquels je dois une égale protection. »

Notez, mes enfants, que ces choses étaient dites au-delà de l'Océan, par delà le Sindh et l'Himalaya, par un descendant de Gengis-Khan, à l'époque même où s'accomplissait en France cet horrible massacre religieux, qui s'appelle la Saint-Barthélemy ! Et cent ans plus tard, en France encore, cent ans après la rédaction de cette sublime proclamation de la liberté des cultes faite au nom du Dieu de Mahomet, Louis XIV, au nom du Dieu de Jésus, ordonnera la révocation de l'édit de Nantes et les dragonnades ! En face de pareils rapprochements, n'a-t-on pas le droit de se demander si les historiens n'ont point fait fausse route, et si le barbare n'est pas le fils de saint Louis, et l'homme du progrès le fils du grand Mogol ?

Sous Mahomet-Jehangire qui occupe le trône après lui, les Afghans essaient encore de ressaisir l'Empire. Son fils Shah-Jehan se révolte et lui dispute la couronne. Mais ce n'est qu'en 1628, à la mort du vieux Jehangire, qu'il parvient à se faire proclamer empereur des Mogols. D'odieux massacres signalent son arrivée au pouvoir. Tous ses frères et tous ses neveux sont mis à mort par ses ordres. Le fait le plus important du règne de Shah-Jehan est l'entreprise de la conquête de la partie

méridionale de l'Hindoustan qui porte le nom de
Dekkan et dont la capitale, Calburga, tomba au
pouvoir d'Aureng-Zeb, fils de Shah-Jehan. — Shah-
Jehan avait de singulières théories sur la guerre
et ses prétendus droits, — si tant est que le droit,
cette chose sacrée, puisse avoir ombre de rapport avec la guerre, cette chose infâme : « La
guerre, disait-il, est le fléau de l'humanité et la
pitié ne sert qu'à prolonger les maux qu'elle
entraîne. »

Aureng-Zeb, comme la plupart des princes de
la dynastie mogole, est un assemblage inouï de
cruauté et de justice, de vices et de qualités. Il
massacre ses deux frères pour parvenir au trône,
et s'empare de la personne de son père qu'il con-
damne à une voluptueuse captivité dans Agra.

Aureng-Zeb achève la conquête du Dekkan com-
mencée sous le règne de son père.

Ferosker, arrière-petit-fils d'Aureng-Zeb, se
met à la tête d'une révolte contre son aïeul, s'empare de sa personne et le fait étrangler.

L'empire mogol avait atteint son apogée, nous
l'avons dit, avec Ackbar. Avec Aureng-Zeb il atteignit son maximum d'étendue. A partir de Ferosker, commence la décadence. Nous vous ferons
grâce, chers enfants, des sanglantes aventures,
des mille détails odieux qui signalent cette dernière période. D'ailleurs, nous avons hâte d'abor-
der l'histoire de la colonisation des Indes par les
peuples européens.

Cette histoire présente trois phases bien distinctes, que nous allons essayer d'esquisser rapide-

MOSQUÉE D'ACKBAR

ment : 1° la phase portugaise ; 2° la phase hollan-·
daise ; 3° la phase anglaise.

L'étude de la première partie nous oblige à remonter un peu le cours des événements que nous
venons de retracer.

Dès le commencement du xve siècle, plusieurs
voyages de découvertes furent tentés par les Portugais le long des côtes occidentales de l'Afrique.
Le Portugal était alors gouverné par Jean Ier, dont
le fils Henri avait une véritable passion pour les
entreprises de ce genre. Ce fut en partie grâce à
ses désirs et à ses largesses que s'accomplit, en
1419, la découverte de Madère.

Le chemin vers le fameux cap de Bonne-Espérance était ouvert aux navigateurs de l'avenir.
Barthélemy Diaz s'embarque en 1486, dépasse
Madère, franchit l'Equateur, et aperçoit de son
bord le promontoire africain. Mais il ne fait que
l'apercevoir. Il est assailli par un affreux ouragan,
qui déchire ses voiles et met en péril la vie de ses
compagons de route. Découragé, il revient sur ses
pas, en jetant comme une malédiction au cap qui
a été témoin de la ruine de ses vaisseaux le nom
tragique de cap des Tempêtes.

Mais bientôt surgit un autre illustre navigateur
que cette malédiction n'intimide point. C'est Vasco
de Gama.

Parti du Portugal, en 1497, il double sans péril
le cap où son devancier a échoué, s'élance à tra-
vers le Pacifique et jette enfin l'ancre sur la côte
de Malabar. Zamorin, un des princes du pays, lui
témoigne d'abord des dispositions très bienveil-

L'INQUISITION PORTUGAISE AUX INDES
Homme condamné au feu mais qui s'est racheté par la confession.

lantes, mais craignant bientôt de voir s'établir une
domination étrangère rivale de la sienne, il ne
tarde pas à changer de politique. Les Portugais,
outrés de cet abandon, incendient ses vaisseaux
et tiennent pendant quelque temps en respect les
autres princes de l'Inde, par la terreur qu'ils leur
inspirent. Gama revient au Portugal, où il est accueilli avec enthousiasme.

Un autre Portugais, Alvarez de Cabral, s'élance
sur la route que Gama venait de lui tracer. Il arrive à Calicut et force Zamorin jusque dans ses
derniers retranchements. Les Portugais avaient
construit un petit fort dans le voisinage de Cochin.
C'est là qu'eut lieu un des plus mémorables faits
d'armes de la colonisation portugaise. François
Pacheco tint tête avec cent-cinquante hommes à
plus de cinq mille Indiens. Le fort fut sauvé, Calicut bombardé, et les Hindous ne prononcèrent
plus qu'avec effroi le nom des Portugais. Vers 1506,
ceux-ci découvraient l'île de Ceylan dont ils firent
leur proie. Leur proie est le mot, car ils appesan-
tirent sur tout le pays un joug cruel. C'est sous la
vice-royauté d'Alméïda, que ces événements
avaient eu lieu. A Alméïda, succéda Albuquerque,
qui s'empara de Goa, et étendit le commerce portugais jusqu'à la presqu'île de Malacca. Son gouvernement marque la période la plus glorieuse du
règne des Portugais dans les Indes. Mais la décadence ne tarda pas à se produire. Le luxe amollit
les courages. Les vainqueurs s'énervaient dans
les plaisirs, et les finances dilapidées tombèrent
aux mains des concussionnaires qui avaient suivi

les conquérants, comme les vautours suivent les armées en déroute.

Dès lors les vice-rois portugais se succèdent rapidement, sans qu'aucun d'eux ait l'énergie et l'habileté qu'exigeait la situation. C'en fut fait bientôt de la domination portugaise dans les Indes.

Du reste, elle ne méritait pas une meilleure fin. Les Portugais ont été les spoliateurs de l'Inde : ils ont fait peser des impôts arbitraires sur tout le pays conquis : ils ont plus songé à piller qu'à coloniser. Ceci est tellement vrai que jusqu'au commencement du xviii⁰ siècle, ils n'avaient pas eu l'idée de créer une seule compagnie. Celle qu'ils essayèrent de fonder en 1723, tomba presque immédiatement. Celle de 1753 eut le même sort. En somme, les Portugais n'ont jamais rien entendu au commerce. Toutefois, ils ont laissé aux Indes d'impérissables souvenirs. S'ils n'y ont implanté ni le progrès ni la civilisation, ils y ont établi l'Inquisition. Incapables d'imposer leur empire à la grande presqu'île, ils ont essayé de lui imposer leur religion. Et pour arriver à ces fins, ils ont employé les supplices les plus atroces ! Ce qu'il y a de vraiment inouï, c'est que le tribunal inquisitorial a fonctionné jusqu'au commencement de ce siècle ! Ce n'est que depuis 1815 que les Portugais ont renoncé à la torture, comme moyen de conversion. Je ne puis mieux vous édifier sur ce point historique, qu'en citant les impressions d'un voyageur à la vue des dernières victimes de ces affreux bourreaux.

« L'un rampait plutôt qu'il ne marchait, le corps

supporté par quatre moignons informes, tenant
entre ses dents une moitié de coco en guise de sé-
bille. Un autre n'avait plus de langue ni d'yeux.
Un troisième avait les mains coupées. Un autre
encore avait eu les pieds broyés dans les brode-
quins de torture. Ils étaient là, nous demandant
l'aumône, avec des cris et des sons inarticulés (1). »

Chronologiquement, les Hollandais n'occupent
que le second rang dans l'histoire des colonies
européennes dans l'Inde. Ils commencèrent par
pratiquer indirectement le commerce de ce riche
pays en allant chercher à Lisbonne les marchandi-
ses de toutes sortes que les compagnons de Gama
ou d'Albuquerque y entassaient. Il ne fallait rien
moins que la conquête du Portugal par Philippe II
pour décider les Hollandais à aller eux-mêmes
jusqu'à la source des produits dont ils trafiquaient.

Un de leurs compatriotes, Cornelius Hootman,
sauvé par eux de la prison où il gémissait à Lisbonne, part en 1595, à la tête de quatre vaisseaux
pour les grandes Indes.

Une importante société, dite Compagnie des
Pays lointains, s'organise aussitôt dans le but de
mener l'entreprise à bonne fin. Ce fut un engoue-
ment général dans toute la Hollande. Nombre de
compagnies similaires s'organisèrent. Chaque ville
voulut avoir la sienne. Mais le gouvernement eut
l'heureuse idée de les fondre toutes en une seule
avec le titre de Compagnie des grandes Indes.
Sans cette mesure, elles se seraient nui et se
seraient entravées réciproquement.

1. Jacolliot, *Voyage au pays des Brahmes.*

A la faveur de cette organisation, et grâce surtout à la modération, à l'humanité dont les Hollandais firent toujours preuve, même au milieu de
l'enivrement de leurs plus beaux triomphes, ces
hardis colonisateurs eurent rapidement créé un
grand nombre d'importants établissements. Leurs
comptoirs se multiplièrent chaque jour et s'étendi-
rent jusqu'aux îles de la Sonde. Jaloux de voir
grandir l'influence des Hollandais à côté de la
leur qui périclitait, les Portugais entrèrent en
lutte ouverte avec ces vaillants républicains. Mais
cette guerre injuste n'empêcha pas les colonies de
ces derniers de prospérer, et leur puissance allait
atteindre une extension presque sans limite, lorsqu'un nouveau champion entra dans la lice.

CHAPITRE VI

Dès l'année 1600, dans le but d'encourager le commerce des Indes, la reine Elisabeth avait accordé des privilèges exceptionnels aux Anglais qui trafiqueraient directement avec ce pays. L'année suivante, la Compagnie des Indes, alors en voie de création équipait quatre vaisseaux et les envoyait aux Moluques. Le profit que l'on retira de cette première entreprise engagea les spéculateurs anglais, qui ont toujours poussé si loin l'esprit mercantile, à chercher à s'établir sur la côte de l'Hindoustan. Ils eurent bientôt différents comptoirs à Coromandel et à Malabar. Si les Hollandais les chassèrent des Moluques, ils eurent du moins l'avantage sur les Portugais, qu'ils repoussèrent victorieusement de la plupart de leurs possessions sur les côtes méridionales de l'Inde. Détournée un moment de l'Inde par suite de ses dissensions religieuses, l'Angleterre revient avec Cromwell aux grands projets d'Elisabeth. Puis elle acquiert Bombay, grâce au mariage de son roi Charles II avec l'infante de Portugal, qui lui apporte cette ville en dot. Plus tard Will. Langboure bâtit Madras, qui deviendra une importante cité.

Les Français viennent tard à tout, mais ils y viennent, a dit un penseur. Le fait est que les trois phases de colonisation que nous venons d'exposer s'étaient produites avant que nous eussions conquis un seul pouce de territoire dans l'Hindoustan. Il y avait bien eu, çà et là, dès le commencement du xviiᵉ siècle quelques entreprises isolées, notamment celle de Pyrard, en 1601, et celle de Gérard le Flamand, en 1616; mais elles demeurèrent stériles. Vers 1633, un embryon de compagnie prend naissance à Dieppe, à l'instigation d'un aventurier du nom de Réginoni; mais l'association mal organisée, mal soutenue, sans plan bien arrêté, circonscrit ses tentatives à Madagascar et laisse la plupart de ses projets s'en aller en fumée.

Un homme se rencontra soudain, qui comprit le premier en France les immenses avantages que le commerce retirerait de notre établissement colonial dans l'Inde. Fils de commerçants lui-même et parvenu par ses mérites personnels à la première dignité financière de l'État, il était mieux apte que tout autre à apprécier ces avantages. Nous avons nommé Colbert. C'était en 1665. Grâce à ses efforts, une compagnie des Indes fut créée sur de puissantes bases. Les actionnaires de cette compagnie, c'est-à-dire les gens directement intéressés à son succès, par suite des fonds engagés par eux dans l'entreprise, choisirent Madagascar pour point central de leurs opérations. Mais cette île, malgré sa situation favorable, aux deux tiers du chemin des Indes, ne devait décidément pas nous porter bonheur. Cette nouvelle tentative de colonisation eut le même sort que celle de Réginoni.

Colbert ne se découragea point. En 1668, le drapeau français flottait pour la première fois sur le continent indien. Nous nous établissions en même temps à Surate, à Trinquemale dans l'île de Ceylan et à Saint-Thomé. En 1678, les Hollandais, qui étaient en guerre avec la France, nous chassèrent de ce dernier poste. Les colons français, sous la conduite d'un nommé François Martin, se dirigèrent alors sur Pondichéry qui n'était à cette époque qu'un petit bourg sans importance. Martin n'avait qu'une soixantaine d'hommes sous ses ordres. Mais il était doué d'une activité sans égale et d'une probité à toute épreuve. La Compagnie lui avait confié quelque argent, dont il fit le plus heureux usage. Il acheta Pondichéry au rajah de Karnate sur le territoire duquel ce village se trouvait, et il obtint du prince l'autorisation d'élever différentes fortifications. Sa conduite pleine d'humanité à l'égard des naturels qui assura de précieux alliés, et Pondichéry ne tarda pas à devenir un poste important

Déjà, grâce à son habile administration, la colonie faisait concevoir les plus belles espérances, quand les Hollandais vinrent mettre le siège devant la nouvelle cité. Martin se défendit vaillamment. Mais que pouvait-il avec la poignée d'hommes qui l'entouraient, derrière de frêles remparts, contre un ennemi établi depuis plus d'un siècle dans le pays, et qui par cela même disposait de toutes les ressources possibles ? Pondichéry tomba ; avec les honneurs de la guerre, il est vrai. Les vainqueurs achevèrent les fortifications commencées par Martin, travaux dont nous ne devions pas tarder à bénéficier. En effet, la paix de Ryswick fut signée en 1697 entre la France et la Hollande ; et, aux termes de ce traité, Pondichéry nous fut rendu. Martin reprit son commandement, et Pondichéry devint dès lors le chef-lieu de nos possessions dans l'Inde et un centre commercial de première importance.

Dumas, qui succéda à Martin dans le gouvernement des établissements français de l'Hindoustan, contribua par son habile administration à en augmenter encore la prospérité. Le grand Mogol lui-même daigne favoriser ses desseins et lui donne le droit de battre monnaie. Pendant qu'il était au pouvoir, un nabab d'Arcate, Ali-Khan fut vaincu et tué par les rajahs du Dekkan. La famille du prince, connaissant de renommée la générosité des Français, vint chercher un asile auprès de Dumas. Les rajahs victorieux demandaient que les parents de leur victime leur fussent livrés. Dumas leur adressa un refus si plein de courageuse dignité, qu'il parvint à en imposer aux rajahs et que ceux-ci s'éloignèrent sans insister.

Pardonnez-moi, chers enfants, d'avoir prolongé cette parenthèse historique et descriptive. Elle était nécessaire pour la bonne intelligence des faits qui vont suivre.

CHAPITRE VII

LA BOURDONNAIS ET DUPLEIX

DUPLEIX A CHANDERNAGOR ET A PONDICHÉRY

Il n'est pas hors de propos de nous arrêter un instant sur un personnage qui va jouer un rôle important dans cette grande lutte de la France contre l'Angleterre.

Mahé de La Bourdonnais naquit à Saint-Malo, en 1699. Voué dès son jeune âge à la navigation, il parcourut, comme Dupleix, toutes les mers de l'Orient, et, comme lui, fut rompu de bonne heure au rude métier de marin. Le fond de sa nature était une énergie puissante, qui allait quelquefois jusqu'à la brutalité. Son langage d'ailleurs, en parfaite harmonie avec son caractère, était impérieux et dur. Du reste, entreprenant, ayant l'esprit assez juste, sachant se plier à toutes les circonstances, faisant tour à tour l'ingénieur, l'agriculteur, l'architecte : en un mot, le type accompli du marin.

Un portrait qui nous semble un peu poussé au noir, nous le montre entêté, égoïste, plein d'astuce et d'envie, irascible au suprème degré, et perdant jusqu'à la notion du devoir lorsque la colère le tient.

D'autres biographes, au contraire, en font une espèce de demi-dieu, un modèle irréprochable de toutes les vertus, et leur rhétorique ne tarit pas de fleurs pour sa mémoire.

Placez-vous, chers enfants, entre les deux extrêmes. Ne voyez dans La Bourdonnais ni un personnage odieux ni un héros sans tache. Faites-vous une opinion moyenne sur son compte. C'est le sûr garant d'être dans la vérité. Du reste les événements que nous allons retracer vous le feront mieux juger que toutes nos appréciations personnelles.

A vingt ans La Bourdonnais était nommé lieutenant de vaisseau, et prenait en main le gouvernement de notre colonie de l'île de France. Sous son administration, l'île entra dans une phase nouvelle. La culture de l'indigo, du coton et de la canne à sucre y fut introduite; il fit pour le manioc ce que Parmentier devait faire plus tard pour la pomme de terre. Grâce à ses efforts et à son exemple, les habitants de la colonie consentirent à se nourrir de cette racine féculente, qu'un préjugé ridicule considérait comme un poison. Mais là ne se bornèrent point les heureux effets de l'administration de La Bourdonnais. Jusqu'à son entrée en fonctions, l'île n'avait pas eu de gouvernement régulier. Il lui en donna un; sur tous les points de son territoire s'élevèrent des fortifications, des magasins, des arsenaux, des casernes. Il sut inspirer aux insulaires un si profond respect de la loi qu'il n'y eut pas un seul procès pendant toute la durée de son gouvernement, qui fut de onze années.

Tel était l'émule que le hasard des circonstances allait bientôt placer en face de Dupleix.

Tandis que La Bourdonnais se formait ainsi à l'école de l'expérience, aux prises avec les difficultés sans nombre qu'on rencontre d'ordinaire dans une colonie où tout est à créer, Dupleix, de son côté, se trouvait dans une situation faite à merveille pour développer ses brillantes et solides qualités. A l'âge où La Bourdonnais recevait son brevet de lieutenant, il était lui-même nommé commissaire ordonnateur des guerres par les directeurs de la Compagnie des Indes, et s'installait à Pondichéry en cette qualité. Sa profonde honnêteté et sa haute intelligence ne tardèrent pas à lui mériter toute la confiance du gouverneur de la place, qui ne crut pouvoir mettre en meilleures mains le service de la correspondance générale et de la rédaction des dépêches.

C'est vraisemblablement à cette époque que Dupleix conçut le vaste plan de colonisation dont il devait faire plus tard une si heureuse application. Il comprit (ce que nul n'avait compris encore) que l'intérêt des colons pouvait parfaitement s'allier avec celui de la colonie. Il comprit que, si l'organisation des grandes compagnies avait pour avantage de mettre des capitaux considérables au service des entreprises coloniales, ce moyen avait pour inconvénient d'annihiler les efforts individuels et de tuer l'initiative privée. Il comprit que

Paris le 13 avril 1720

Enfin Monsieur l'enfant prodigue en 1754
mais il partira bientost pour St Malo,
Je vous prie de luy disposer les choses mentionnées
dans l'estat cy dessus, les choses ne doivent pas
estre d'une trop grande finesse puisque cesont que pour
le transporter, ménagés ma bourse

Dupleix

AUTOGRAPHE DE DUPLEIX

c'est un devoir pour la métropole de favoriser, ou
tout au moins de rendre possible le commerce
particulier, et que c'est une injustice flagrante
que de sacrifier l'avenir des petits négociants aux
intérêts de cinq au six gros capitalistes. Vérité de
tous les temps que Dupleix a eu la gloire de
mettre pour la première fois en lumière!

Prêchant d'exemple, comme on dit, Dupleix se
mit immédiatement à l'œuvre, et en quelques
années, très honnêtement, et par la simple application de ses principes, il acquit une fortune considérable, faisant du reste celle des autres, tout
en faisant la sienne.

En 1739, Dupleix fut nommé directeur du comptoir de Chandernagor. Cet établissement situé,
comme vous le savez, mes enfants, sur l'Hougly,
un des bras du Gange inférieur, se trouvait alors
dans un état déplorable. Pas de remparts. Un
port si mal entretenu qu'aucun navire n'osait s'y
aventurer. Pour toutes maisons, quelques misé-
rables huttes en bois ou en torchis. Dupleix est à
peine installé dans sa nouvelle charge que tout
change d'aspect. Deux mille maisons en briques
remplacent les cabanes de bois. Des travaux d'art
s'élèvent et le port s'emplit de soixante-dix navires
de tout pontage, qui appartiennent à Dupleix et
à ses associés et vont trafiquer avec la Chine, le
Mogol et la Perse. Pendant son séjour à Chandernagor, Dupleix ne gagna pas seulement la reconnaissance et l'amitié des milliers de colons dont il
fit la fortune, il sut s'attirer aussi le respect et
l'estime des naturels de toute race et de toute reli-

VUE DE CHANDERNAGOR

gion établis aux environs de Chandernagor, grâce
à son grand esprit de tolérance et de conciliation.

La Compagnie enthousiasmée de la merveilleuse transformation que Dupleix venait de faire
subir au comptoir du Bengale, pensa, non sans
raison, que Pondichéry n'aurait qu'à gagner sous
l'administration d'un pareil gouverneur, et que
Dupleix relèverait cette dernière colonie comme
il avait relevé Chandernagor. Il est de fait que
Pondichéry, malgré la voie de prospérité dans
laquelle cette ville était entrée avec le gouverneur
Martin, était loin encore de satisfaire les légitimes
ambitions de la Compagnie.

Dupleix se montra à Pondichéry aussi habile
administrateur qu'à Chandernagor. Sa situation de
fortune lui permit même de faire mieux encore et
surtout de faire grand. Le comptoir de Pondichéry se
trouvait alors obéré de cinq millions d'arriéré. Dupleix ouvrit généreusement ses coffres aux agents
de la Compagnie, n'exigeant d'eux d'autre garantie
de remboursement que leur parole. D'ailleurs il se
trouvait là plus à l'aise qu'à Chandernagor; il opé-
rait sur un théâtre plus vaste et par conséquent
plus en rapport avec l'ampleur de ses concep-
tions. C'était en 1742. L'Angleterre faisait chaque
jour de nouvelles conquêtes et semblait déjà me-
nacer d'envelopper l'Inde tout entière dans un
immense réseau colonial. Dupleix, avec cette profondeur de vues qui le caractérisait, traça d'un
trait de plume le plan hardi qui permettrait à la
Compagnie française de détrôner sa rivale.

Élargir le territoire de nos possessions, tout le

secret du triomphe était là.

Comme moyen, alliance avec les princes indiens.

Mais que d'obstacles à surmonter! Que d'ennemis à combattre pour atteindre ce but! Nous
allons voir que l'Angleterre n'était peut-être pas
le plus redoutable!

CHAPITRE VIII

MARIAGE DE DUPLEIX. — LA LUTTE S'ENGAGE. —

LA BOURDONNAIS S'EMBARQUE POUR L'INDE.

Dupleix avait épousé une femme qui devait jouer un rôle important dans ses destinées et l'aider puissamment dans l'exécution de ses projets. Née au Bengale, où elle avait été élevée, elle connaissait toutes les langues et tous les dialectes qui se parlent dans l'Hindoustan. Elle appartenait à une famille créole du nom de Castro. Son prénom était Jeanne, dont les Hindous firent Jân. Ils y mêlèrent celui de Begoum, qui est une désignation honorifique, et la femme de notre héros devint pour eux une sorte de personnification sacrée, de gracieux génie tutélaire, qui prit place dans leurs légendes et leurs chansons. Certes, il n'eût pas fallu profaner devant eux le nom de Jân-Begoum, qu'ils révéraient au pair de celui de Dourga, la céleste épouse de Schiva.

La facilité avec laquelle elle parlait les idiômes du pays lui permit de mettre son mari en rapport direct avec les princes mogols ou hindous (1).

1. Les princes mogols portent le titre de nababs et de soubabs. Le soubab exerce une espèce de suzeraineté sur le

Elle-même s'occupait avec une activité inouïe pour son sexe de la volumineuse correspondance de Dupleix.

Du reste, on se trouvait à une époque où rien n'était à négliger de ce qui pouvait relever le crédit de la France aux yeux des naturels. Nous venions d'entrer en guerre ouverte avec l'Angleterre.

D'abord continentale et réduite à la partie centrale de l'Europe, cette guerre s'étendit bientôt usqu'à nos colonies. Une escadre anglaise commandée par lord Barnett reçut l'ordre de faire voile pour les Indes. Après une série d'opérations sur le Pacifique, où plusieurs de nos vaisseaux furent pris, elle apparut enfin sur la côte de Coromandel, en juillet 1745. Grâce à l'intervention du nabab de Carnatique, que Dupleix et Jân-Begoum avaient su gagner à notre cause, Pondichéry, qui faisait partie de son territoire ne fut point attaqué. La ville ne contenait d'ailleurs qu'une faible garnison. Elle eut été enlevée en un tour de main. Toutefois, on se mit en devoir de parer à toute espèce d'éventualité.

La Bourdonnais, comme nous l'avons dit, gouvernait alors les îles de France et de Bourbon. Il avait depuis quelque temps déjà une commission royale qui l'autorisait à se diriger vers les Indes dans le cas où la guerre éclaterait. A peine la nouvelle lui en fut-elle parvenue, que, sans perdre un

nabab. Quant aux princes hindous on leur donne le nom de rajahs. Il est bon de se familiariser avec ces termes qui reviendront souvent dans notre récit.

instant, il se mit à transformer en navires de guerre les vaisseaux de la Compagnie qui se trouvaient alors à sa disposition. Rude besogne, allez, mes enfants! La disette régnait à Maurice. Un vaisseau qui apportait des vivres d'Europe venait de faire naufrage en face même du port. Pas d'ouvriers rompus à la construction navale. Pas un matelot connaissant les manœuvres de guerre. La Bourdonnais improvisa tout. Le manioc vulgarisé par lui remplaça le blé. Les charpentiers et les serruriers furent employés au montage des affûts, les tailleurs d'habits à la confection des voiles. Quant aux marins, La Bourdonnais se chargea de faire en quelques mois leur éducation militaire. Tant et si bien qu'à la date du 24 mars 1746, neuf vaisseaux armés en guerre partaient de l'île de France pour la mer des Indes.

La Bourdonnais mit d'abord le cap sur Madagascar, où il espérait compléter ses approvisionnements. Mais au moment où il quittait cette île, une terrible tempête assaillit la flotte et démâta le vaisseau qu'il montait.

La plupart des autres navires se trouvaient considérablement avariés. On dut revenir sur ses pas et gagner en hâte la baie la plus voisine.

Tous les travaux de l'île Maurice étaient à peu près à refaire. Il fallut rétablir les mâtures, réinstaller les affûts, remplacer les voiles. Et tout cela au prix de quelles fatigues! Dans un pays à peu près désert! Au bord d'un marais dont les émanations pestilentielles décimaient les matelots!

Quarante-huit jours se passèrent dans ces tra-

COSTUMES DU BENGALE

vaux surhumains. Le 1er juin 1746, La Bourdonnais reprenait la mer.

Six jours après, il rencontra la flotte anglaise, commandée par le capitaine Peyton. L'action fut chaude et faillit nous être tout à fait fatale. Trois de nos vaisseaux furent mis hors de combat. L'un d'eux, *le Neptune*, allait être foudroyé par l'artillerie anglaise, lorsque La Bourdonnais lança son propre vaisseau entre le feu des Anglais et le navire désemparé. Pendant presque une heure, ce vaillant marin lutta contre la mitraille ennemie, héroïque, immobile à son bord, superbe comme un héros antique.

La nuit vint enfin mettre un terme à ce combat inégal. Peyton gagna l'île de Ceylan et La Bourdonnais mit à la voile pour Pondichéry.

CHAPITRE IX

AFFAIRE DE MADRAS. — FAUTE DE DUPLEIX.

Le plan de La Bourdonnais était depuis long-temps arrêté. Il s'agissait de frapper l'Angleterre au centre même de ses possessions coloniales.

Madras devint dès lors l'objectif des combinaisons de l'amiral français. Malheureusement, sa flotte n'était guère en mesure de commencer l'attaque. Le combat qu'il venait de soutenir si vaillamment contre l'escadre anglaise avait fortement réduit ses forces. Il demanda du canon à Dupleix. Celui-ci ne lui fit parvenir qu'un renfort tout à fait insuffisant.

C'est de ce moment que date la mésintelligence à jamais fatale qui depuis exista toujours entre ces deux illustres marins. La plupart des historiens n'ont vu là que l'effet d'une vulgaire jalousie. Il n'en est rien pourtant. Les grandes âmes sont inaccessibles à ce vil sentiment. D'ailleurs, qu'est-ce donc que Dupleix pouvait envier a La Bourdonnais, lui qui venait déjà de s'immortaliser par la création de Chandernagor et par la trans-formation de Pondichéry? Craignait-il de voir sur-

gir auprès de lui une gloire rivale de la sienne?
Non, la gloire, — Dupleix le savait, — est comme
ce pain merveilleux dont parle le poète : elle se
multiplie en se partageant. Dupleix connaissait La
Bourdonnais. Il savait ses idées, ses préjugés, ses
entêtements. Ce n'était pas le collaborateur qu'il
attendait, pour mettre à fin son œuvre de colonisation et de conquête pacifique. Il pressentait que
les Anglais une fois réduits au silence par la voix
du canon, La Bourdonnais emploierait le même
argument avec les populations hindoues.

Le 16 septembre, La Bourdonnais commença le
siège de Madras. Les deux premiers jours furent
consacrés à la construction de différents travaux
d'art. Le 18 et le 19, trois vaisseaux de notre escadre firent pleuvoir une grêle de boulets sur la
ville. Les assiégés demandèrent bientôt une trêve.
Une fille de Dupleix, qui avait épousé un Anglais
et qui se trouvait alors dans Madras leur servit
d'intermédiaire. Ce fut elle-même qui écrivit à La
Bourdonnais à ce sujet. La trêve fut accordée.
Aux envoyés anglais qui demandaient quelle somme exigeaient les Français pour abandonner le
siège, La Bourdonnais fit cette fière réponse :
« Messieurs, je ne vends point l'honneur; le pavil-
lon du roi flottera sur Madras, ou je mourrai au
pied de ses murailles. » Les députés ayant refusé
de rendre la ville, le bombardement recommença.
Ceux-ci ne tardèrent pas à revenir. Cette fois ils
avaient en main l'acte de capitulation signé par le
gouverneur.

Là s'arrêtaient peut-être les droits de La Bour-

VUE INTÉRIEURE DU FORT SAINT-GEORGES A MADRAS

donnais. Etait ce bien à lui de traiter avec les Anglais au sujet de la rançon de la ville? Nous ne le
croyons pas. Le titre de gouverneur général des
possessions françaises donnait à Dupleix des pouvoirs devant lesquels l'amiral eût dû s'incliner.
Du reste, les observations à ce sujet ne furent pas
ménagées à La Bourdonnais, ainsi qu'il ressort de
la correspondance de Dupleix. La Bourdonnais
ne veut rien entendre : il s'entête, selon sa coutume, et signe la capitulation. Dupleix s'irrite
d'un acte qu'il considère comme un empiétement
sur ses pouvoirs, une insulte à son autorité. La
Bourdonnais feint de croire que le mécontente-
ment de Dupleix ne provient que de la faiblesse
de la rançon. Dupleix, outré de plus en plus des
procédés de l'amiral, envoie à Madras deux officiers avec la mission expresse de s'assurer de la
personne de La Bourdonnais.

« C'est moi qui vous arrête, Messieurs ! » fit-il,
dès qu'ils eurent parlé. D'Esprémenil, que Dupleix
venait de nommer gouverneur de Madras n'est
pas mieux accueilli. L'amiral se livre alors à une
violence d'actes et de paroles plus digne d'un
matelot ivre que d'un gentilhomme français. Tour
à tour, il menace, frappe du pied, jure et pleure.
Au même instant, comme si la nature eut voulu
mêler sa colère à celle de La Bourdonnais, une
tempête épouvantable éclate sur la mer. Les six
vaisseaux français alors à l'ancre près de la côte
furent dispersés et en partie démâtés. L'un d'eux
périt même corps et biens. Tous les autres bâti-
ments qui se trouvaient au large eurent à souffrir.

Ce fut pour notre marine un coup terrible dont elle fut bien lente à se relever.

La Bourdonnais, ayant exhalé toute sa fureur, se décide enfin à partir. Il adresse alors ces lignes à Dupleix : « Mon parti est pris sur Madras, je vous l'abandonne pour me donner tout entier à sauver les débris de nos pertes, je signe la capitulation. C'est à vous de l'observer. »

La place de Madras fut remise à un brave officier du nom de Paradis, tandis que La Bourdonnais reprenait la route de Pondichéry, et de là, après un rapide séjour, se dirigeait vers l'ile de France. Dupleix, par une de ces ruses de guerre dont il ne se faisait pas scrupule d'user dans les circonstances difficiles, avait su maintenir dans la neutralité le nabab sur le territoire duquel se trouvait Madras. Il lui avait promis de lui remettre la ville dès qu'elle serait prise. Comme Dupleix ne s'empressait guère de tenir sa promesse, le nabab jugea à propos de venir la lui rappeler, les armes à la main. Dix mille hommes, sous les ordres de son propre fils, vinrent mettre à leur tour le siège devant Madras. Mais ils furent accueillis par un feu terrible qui les débusqua de leurs positions. Le lendemain, les assiégés firent une sortie qui acheva de jeter le désordre dans l'armée du nabab. Maphuzi-Khan, le fils de celui-ci, donna le premier l'exemple de la fuite, du haut de l'éléphant qui lui servait de monture. C'est alors que Dupleix commit la faute qui souille sa mémoire. Subissant l'influence des habitants de Pondichéry qu'excitait une jalousie mal fondée contre ceux de Madras, il

6

annule le traité de rançon signé par La Bourdonnais. Que celui-ci ait commis un abus de pouvoir
en consentant à ce traité, ce n'est pas discutable.
Mais en tout cas, la parole de la France était enga-
gée, il fallait la tenir.

Madras pris, restait le fort Saint-David, la seule
possession anglaise qui tint encore sur la côte de
Coromandel. Dupleix envoya un petit détachement avec l'ordre de s'emparer au plus tôt de
cette position. Mais le nabab, jaloux de venger
l'échec qu'il venait de subir devant Madras, dirige
à son tour un corps de troupes indigènes contre
l'armée française, en sorte que celle-ci se trouva
prise entre le feu du fort et les soldats du nabab.
La situation était grave. Il fallait aviser au plus
tôt. Dupleix essaie de décider le nabab à retirer
ses troupes, par voie de négociations. Mais en
vain. Le prince tient bon. Dupleix fait ravager ses
terres par un détachement de la garnison de Madras, espérant ainsi attirer ailleurs le bataillon
indigène. Même insuccès. Le nabab s'obstine.
Tout à coup, quatre vaisseaux français apparais-
sent au large. Dupleix déclare à tout venant que
ces navires apportent une puissante armée de secours. Il n'en était rien, cela va sans dire. C'était
un de ces tours de vieille guerre, comme Dupleix
en connaissait tant. Il eut d'ailleurs un plein
succès. Le nabab, saisi de terreur, fait éloigner
ses troupes et demande l'alliance des Français.

CHAPITRE X

Dès lors rien ne paraissait devoir s'opposer à la prise du fort Saint-David, et la tranchée était même déjà ouverte, quand tout à coup la flotte anglaise apparut à l'horizon. Force fut aux assiégeants d'abandonner le fort et de se transporter en hâte à Pondichéry.

L'armée navale de nos ennemis était considérable. Elle se composait de deux escadres, l'une sous le commandement de l'amiral Boscawen, l'autre sous les ordres de l'amiral Griffin. Le major Lawrence, récemment venu d'Angleterre, avait en main le commandement supérieur de toutes les forces de la Compagnie.

Les vaisseaux anglais jetèrent l'ancre en face du fort de Pondichéry, et la ville ne tarda pas à être investie. Heureusement Dupleix était dans la place. Mais avant de vous raconter cette mémorable défense de Pondichéry qui est, sans contredit, la plus belle page de l'histoire de notre héros, et qui est en quelque sorte l'expiation de la faute qu'il venait de commettre à Madras, arrêtons-nous un moment sur le malheureux La Bourdonnais et sur la triste fin qui lui était réservée.

En quittant la mer du Bengale, il se dirigea sur

l'Ile de France, siège de son gouvernement. Mais
ô cruel affront! il apprend en débarquant que son
poste est occupé par un autre. Pour comble d'igno-
minie, les calomnies les plus atroces se font entendre partout autour de lui. A coup sûr, La Bourdonnais avait à se reprocher des maladresses, de
coupables entêtements et surtout le mépris de
l'autorité de Dupleix, mais ce n'était ni un lâche,
ni un traître; dès qu'il eut vent des bruits ignomi-
nieux qui circulaient sur son compte, il s'embarqua pour la France, afin d'aller présenter sa jus-
tification au roi. Il prit passage sur un vaisseau
hollandais. Mais comme la guerre venait d'éclater
entre l'Angleterre et la Hollande, le bâtiment fut
pris et emmené à Londres. Singuliers jeux de la
fortune! Ce même homme qui venait d'être calom-
nié et insulté par ses compatriotes de l'Ile de
France, est reçu avec honneur, presque avec enthousiasme, par les Anglais, ses ennemis de la
veille.

Mais La Bourdonnais avait hâte de revoir la
France et d'y laver sa réputation des accusations
qui pesaient sur elle.

Tout en demeurant prisonnier sur parole des
Anglais, qui ont la générosité de n'accepter aucune garantie pécuniaire, La Bourdonnais s'embarque et arrive bientôt à Versailles. Mais quel
humiliant accueil! On a déjà noirci sa mémoire
aux yeux du roi et de toute la cour. Des écrivains
de bas étage se sont chargés de cette honteuse
mission. La calomnie va vite par le monde. On
arrête La Bourdonnais et sans autre forme de pro-

LA BASTILLE

cès on l'enferme dans un cachot de la Bastille, —
la Bastille, vous savez, mes enfants, cette vieille
honte des temps passés, que le souffle de 1789
allait bientôt disperser aux quatre coins de la
France. « Des juges! des juges! » tel est le cri
désespéré que le malheureux ne cesse de jeter du
fond de l'horrible geôle. Personne ne veut l'entendre. Deux ans se passent ainsi. Toutefois, l'affaire s'instruit. On dresse son acte d'accusation,
mais avec une lenteur calculée qui prolonge le
supplice de l'infortuné. Dénué de tout, traité
comme le plus vil scélérat, La Bourdonnais em-
ploie ses sombres loisirs à rédiger ses mémoires.
Pas de papier. Il le remplace par des mouchoirs
trempés dans de l'eau de riz. Pas de plume. Une
pièce de six liards roulée sur elle-même et fendue
à l'aide d'un couteau lui en tient lieu. Quant à
l'encre, il lui substitue du marc de café.

La Bourdonnais achevait ce prodige de patience, lorsqu'un jugement solennel vient proclamer son innocence. C'était la troisième année de
sa captivité.

Mais si les jugements humains ont le pouvoir de
réhabiliter la renommée d'un guerrier, ils sont
impuissants à rendre la santé à un moribond.

Au sortir des cachots de la Bastille, La Bourdonnais n'était plus qu'une ombre, une sorte de
cadavre vivant, dont le spectre dut troubler plus
d'une fois les rêves de l'infâme Louis XV et de ses
dignes suppôts.

La prison l'avait tué. Il acheva de mourir le
9 septembre 1753.

CHAPITRE XI

DUPLEIX SAUVE PONDICHÉRY.

Jaloux de venger l'échec qu'ils avaient subi à Madras, les Anglais venaient, comme on l'a dit, de mettre le siège devant Pondichéry. Le nord-ouest de la ville semblait être le côté le plus vulnérable. Aussi est-ce sur ce point que l'ennemi concentra d'abord ses opérations. Le 30 août, il commença à ouvrir la tranchée. Dupleix commanda une sortie dans cette direction. C'est le brave Paradis, cet officier dont il a déjà été question lors de l'affaire de Madras, qui fut chargé de diriger l'action. Il prit avec lui 500 Français et 700 cipayes, et marcha droit à la tranchée, qu'il ne put enlever. Les soldats durent battre en retraite.

Cet événement enhardit les Anglais qui essayèrent de bombarder la ville du côté de la mer, à l'aide d'une galiote. Mais les assiégés firent de nouvelles sorties, qui, plus heureuses que la première, parvinrent à couper toute communication entre la flotte et le camp des Anglais. D'un autre côté, l'ennemi ne put continuer la tranchée qu'il avait si bien défendue. Un marais impraticable qui se trouvait dans le voisinage l'empêcha de la pousser plus loin.

Boscawen fit alors masser son artillerie sur ce même point, où il s'obstinait à placer le centre de son plan d'attaque. Mais cette manœuvre n'eut aucun succès. Le feu de la place, de beaucoup supérieur à celui des assiégeants, dut décider l'amiral à une autre tactique. D'après ses ordres, tous les vaisseaux qui se trouvaient en face de Pondichéry se mirent alors en ordre de bataille et braquèrent tous leurs canons sur la ville. Autre insuccès. Les distances ont été mal calculées : les boulets arrivent à peine au pied des remparts, et, si l'on en croit le récit d'un témoin du siège, la seule victime de cette formidable artillerie fut une vieille femme qui s'était hasardée trop près des murailles.

Conséquence naturelle de tous ces échecs, le découragement commença à s'emparer des Anglais. D'autre part, on entrait dans la saison des pluies, d'ordinaire si malsaine en ces régions. Les maladies décimaient les assiégeants. D'ailleurs, il fallait songer au rembarquement, que tout contribuait à rendre de plus en plus difficile, l'armée de terre se trouvant, comme nous l'avons dit, à chaque instant coupée de la flotte par les sorties des assiégés, et l'eau du ciel creusant partout de dangereuses fondrières.

Boscawen réunit un conseil de guerre et lui fit part de ses craintes. La levée du siège fut décidée. Il avait duré un mois. Les Anglais avaient

LE GRAND MOGOL

perdu un millier de soldats, tandis que la garnison de Pondichéry ne comptait que 250 morts. Pondichéry était sauvé.

Désireux de tirer tout le fruit possible d'un si beau fait d'armes, Dupleix s'empresse de faire part de l'événement au nabab du Dekkan et au grand Mogol lui-même, convaincu que cette nouvelle ne ferait qu'augmenter le prestige dont les Français jouissaient déjà auprès des princes indiens.

Sur ces entrefaites, la nouvelle de la signature d'un traité entre la France et l'Angleterre parvint dans les Indes.

C'est la fameuse paix dite d'Aix-la-Chapelle, signée en 1748. Aux termes de ses clauses, la France rendait Madras à l'Angleterre.

Mais cette paix, possible en Europe, ne l'était guère de l'autre côté de l'Indus. Les deux nations avaient dans l'Hindoustan des troupes trop nombreuses pour pouvoir les condamner à une inaction absolue. Elles les mirent au service des princes de l'Inde. Or ces princes se trouvaient pour la plupart en guerre les uns contre les autres. La vieille féodalité mogole croulait de toutes parts. Les compétitions, les usurpations se multipliaient sur tous les points de la presqu'île. Il était impossible que les Français et les Anglais s'entendissent pour soutenir les mêmes princes. Le vieux levain de haine séculaire qui avait si longtemps divisé les deux nations fermentait trop fort encore pour qu'une pareille entente pût se produire. Aussi arriva-t-il que, malgré le traité d'Aix-la-Chapelle,

la guerre recommença plus âpre, plus sanglante,
par cela même que plus d'intérêts se trouvaient
en jeu. Que la France prît fait et cause pour un
nabab ou un rajah, c'était une raison suffisante
pour que l'Angleterre se déclarât contre lui. Et
réciproquement.

D'ailleurs, Dupleix n'avait point perdu de vue
le programme qu'il s'était tracé dès son arrivée
dans l'Inde : fonder notre puissance coloniale sur
l'étendue territoriale.

Il voyait dans cette forme nouvelle que prenait
la guerre, l'occasion d'élargir de plus en plus le
périmètre de nos possessions, comptant bien an-
nexer à nos colonies les États des princes qu'il
vaincrait, et obtenir en même temps des cessions
de territoire de ceux qu'il défendrait. La clause du
traité qui nous enlevait Madras l'avait piqué au
vif. Aussi était-il jaloux plus que jamais de mettre
à exécution son plan d'agrandissement territorial.
Nous allons voir dans quelles étranges complications la poursuite de son but devait le jeter.

CHAPITRE XII

Un prince indigène du nom de Chunda-Saëb, appartenant à la famille des anciens nababs, avait conçu, vers 1748, le dessein de s'emparer de la nababie du Carnatique. Ce n'était point un aventurier vulgaire. Il avait à la fois la vaillance qui fait entreprendre, et l'habileté qui fait réussir. Du reste, intelligence cultivée, il avait un esprit assez elevé pour mettre la gloire au-dessus de l'argent. Dupleix comprit que la France avait tout à gagner de l'alliance d'un prince doué de semblables qualités. Aussi mit-il tout en œuvre pour l'obtenir.

Le soubab du Dekkan, le vieux Nizam-el-Mulk, venait de mourir à l'âge de cent-quatre ans, laissant le trône à son fils Nazer-Sing. Il advint qu'un autre prince, Muzafer-Sing, prétendit avoir des droits sur la succession de Nizam-el-Mulk. Le compétiteur s'aboucha avec Chunda-Saëb et un traité fut conclu entre les deux princes, en vertu duquel ils devaient se prêter un mutuel appui. Chunda-Saëb aiderait Muzafer-Sing à s'emparer de la soubabie du Dekkan, et Muzafer-Sing assurerait à Chunda-Saëb la nababie du Carnatique où régnait alors Anaverdi-Khan.

Dupleix fut bientôt instruit des clauses de ce traité, qui cadrait admirablement avec ses plans. Il envoya en toute hâte aux princes alliés un corps de troupes de secours sous la conduite de M. d'Autheuil, officier d'un mérite éprouvé.

On marcha d'abord sur Arcate, capitale du Carnatique. Mais l'armée conquérante fut arrêtée à Ambour par celle d'Anaverdi-Khan. Ce dernier avait fait en vain appel à l'intervention des Anglais qui pour l'heure se contentaient d'être simples spectateurs de la lutte, attendant une occasion plus favorable pour se mêler à l'action.

Le colonel d'Autheuil essaya vainement à deux reprises d'enlever les retranchements qui défendaient le camp ennemi. Une troisième attaque fut plus heureuse. Les Français fondent au pas de charge sur l'armée d'Anaverdi-Khan. Le nabab, monté sur un superbe éléphant, parcourait les rangs de ses soldats, cherchant à les électriser par ses paroles et par son exemple.

Les troupes de Muzafer-Sing et de Chunda-Saëb suivaient l'armée française. Mais Anaverdi-Khan n'a pas plus tôt aperçu Chunda-Saëb qu'il donne l'ordre au conducteur de son éléphant de le précipiter sur celui de ce dernier. Fatale témérité! Anaverdi-Khan tombe au milieu du bataillon français. Une balle le frappe en plein cœur, et le vieux guerrier roule sans vie aux pieds de son éléphant. Jamais peut-être l'histoire n'a consigné le nom d'un brave tombé à pareil âge au champ d'honneur. Anaverdi-Khan avait cent-sept ans! Ce qui arrive invariablement aux armées hindoues, lorsque leur chef est frappé à mort, ne manqua pas de se produire. Les troupes du nabab se mirent à fuir en désordre dans toutes les directions. Tout fier de la victoire d'Ambour, à laquelle il n'avait pourtant pris qu'une part indirecte, puisque les Français avaient supporté tout le feu de l'action, Muzafer-Sing se fit proclamer soubab du Dekkan sur le champ de bataille, avec toute la pompe et tout le cérémonial usités chez les Orientaux, si passionnés pour ce qui éblouit les yeux et frappe l'imagination. Une fois cette brillante intronisation accomplie, son premier acte d'autorité fut de donner à Chunda-Saëb l'investiture du Carnatique, autre cérémonie non moins pompeuse. La défaite d'Anaverdi-Khan impressionna vivement la plupart des princes dont les possessions s'étendaient sur la côte de Coromandel.

Il y avait alors à Tanjore, petit État du sud du Carnatique, un rajah qui recherchait depuis longtemps l'alliance anglaise. Le major Lawrence s'empressa de profiter de ces dispositions, en traitant avec le prince, qui était du reste l'ennemi particulier de Chunda-Saëb. Cela fait, Lawrence se transporte en hâte au fort de Saint-David, et de là, le traité d'Aix-la-Chapelle en main, il réclame la cession de Madras.

Dupleix ne fit aucune opposition à cette demande, qui ne tendait après tout qu'à la stricte observation des clauses du traité. L'amiral Boscawen vint prendre possession de la ville à la tête de sa flotte, tandis que Muzafer-Sing et Chunda-Saëb se rendaient à Pondichéry, avec la majeure partie de leurs troupes. Rien ne peut donner idée de la somptueuse réception qui leur avait été préparée par Dupleix.

Les deux princes retrouvèrent dans la cité française tout l'appareil triomphal des villes orientales. Plusieurs écrivains ont fait un reproche à notre héros d'avoir trop souvent sacrifié aux brillantes coutumes de ces étranges contrées et d'avoir gaspillé les deniers de l'État en solennelles folies; mais qu'on songe bien que c'était l'unique moyen de s'attirer la sympathie des nababs et des rajahs, et de leur inspirer du respect et de l'admiration pour la France. Quant à l'argent qui payait ces fêtes, il faut se dire que, la plupart du temps, Dupleix le puisait dans ses coffres, qui étaient d'ailleurs, fort bien garnis, comme nous l'avons dit.

Du reste, les événements ne tardèrent pas à prouver l'excellence de son système. Chunda-Saëb dans son enthousiasme pour Dupleix, lui livra immédiatement 81 villages situés aux environs de Pondichéry.

Après la bataille d'Ambour, Méhémet-Ali, l'un des fils d'Anaverdi-Khan s'était jeté dans Trichinopoly, ville forte du Carnatique. Se voyant menacé par Dupleix, il fit appel à l'appui des Anglais. Mais ceux-ci hésitant encore à s'immiscer dans les querelles des princes hindous, parcequ'ils ne pressentaient pas toutes les conséquences d'une pareille intervention, se bornèrent à envoyer cent hommes de troupe à Trichinopoly.

Sur ces entrefaites, la flotte anglaise fit voile pour l'Europe, après avoir débarqué trois cents hommes, qui devaient prendre garnison au fort de Saint-David.

Dupleix voulut mettre à profit l'éloignement des forces anglaises. Il engagea en conséquence Chunda-Saëb à attaquer Trichinopoly. Chunda-Saëb promit, mais ne tint pas. Il redoutait les longueurs d'un siège, qui épuiserait ses troupes, en général assez mal nourries et très mal payées. Il lui eut été si simple de demander à Dupleix quelques avances, qui lui eussent permis de relever le moral de son armée, en lui assurant une solde plus régulière! Mais une fausse honte le retint. Il préféra, de concert, avec Muzafer-Sing, se diriger vers Tanjore, dont la prise lui paraissait plus facile.

Le roi de Tanjore, se voyant menacé par les deux princes, appela Nazer-Sing et Méhémet-Ali à son secours. Il s'adressa également aux Anglais. Mais ceux-ci suivant toujours leur même politique d'indécision, ne lui envoyèrent qu'une vingtaine d'hommes. Dupleix, impatienté du retard que mettait Chunda-Saëb à entreprendre le siége de Trichinopoly, donna l'ordre au corps français qui faisait partie de l'armée de ce prince, d'attaquer immédiatement la ville. Dès les premiers jours du siège, trois redoutes furent enlevées par nos soldats.

Méhémet-Ali, effrayé, s'engagea à payer une forte indemnité de guerre et céda aux Français quatre-vingts villages situés dans le voisinage de Karikal.

CHAPITRE XIII

NAZER-SING. — CONDUITE DE DUPLEIX A SON ÉGARD.

COMPLOT CONTRE NAZER-SING.

Cependant, Nazer-Sing avait pris la direction de Tanjore et menaçait déjà Muzafer-Sing et Chunda-Saëb qui s'obstinaient au siège de cette ville. A la nouvelle de l'arrivée de Nazer-Sing, ceux-ci s'empressèrent de lever le siège, et se réfugièrent sous les murs de Pondichéry.

Dupleix, voyant ses alliés battre ainsi en retraite à la seule idée d'une rencontre avec Nazer-Sing, comprit que le courage les abandonnait; mais comme cet affaissement moral ne provenait que du peu de confiance qu'ils avaient en leurs troupes, il y avait un remède : c'est ce qu'on appelle pour mille bonnes raisons le nerf de la guerre. Dupleix n'hésita pas à tirer plus d'un million de sa propre cassette et à faire distribuer la somme aux soldats des deux princes. D'autre part, il porta à 2.000 hommes le corps de troupes auxiliaires qu'il fournissait à Chunda-Saëb.

Toutefois, Nazer-Sing déployait une activité qui dut mettre Dupleix lui-même sur le qui-vive. Le

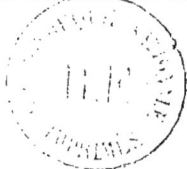

soubab venait d'envoyer à Méhémet-Ali l'ordre de quitter Trichinopoly et de venir se joindre à lui. En même temps, il priait les Anglais une fois encore d'appuyer ses manœuvres de leurs armes.

Nazer-Sing réunit bientôt une armée imposante sous les murs de Gingi. Elle ne comptait pas moins de 300.000 hommes, 800 pièces de canons et 1300 éléphants. L'éloquence de ces chiffres décida les Anglais. Le major Lawrence, à la tête de 600 hommes, vint se ranger sous la bannière de Nazer-Sing.

Nazer-Sing voulait attaquer immédiatement l'ennemi. Lawrence essaya de l'en dissuader, parce que les troupes de ses adversaires se trouvaient dans une situation fort avantageuse. Il lui conseilla de se rejeter entre Pondichéry et celles-ci. Mais Nazer-Sing ne voulut rien entendre, craignant que cette manœuvre ne semblât une fuite.

Le colonel d'Autheuil, qui commandait, on s'en souvient, le corps français attaché à l'armée de Chunda-Saëb, jugea opportun de se replier sur Pondichéry. Chunda-Saëb l'y suivit. Quant à Muzafer-Sing, qui tenait en ses mains le grand étendard du Dekkan, il ne voulut jamais se résigner à une retraite, qui, en l'occurence, eût été aux yeux de son peuple, une lâcheté sacrilège. Il aima mieux se livrer à Nazer-Sing. Mais celui-ci, après avoir juré sur le Koran de lui laisser la liberté, le fit ignominieusement charger de fers et se jeta sur son camp où eut lieu, d'après ses ordres, le plus épouvantable massacre.

La nouvelle de ces événements affecta péniblement les habitants de Pondichéry. La situation devenait grave. Dupleix le sentait mieux que personne. Mais par suite de cet empire absolu qu'il savait exercer sur son âme, il ne laissa rien paraitre des craintes qui le tourmentaient. Au reste

ÉLÉPHANT INDIEN

son fécond génie n'était point à bout de ressources.

La politique orientale est, plus que tout autre, riche en tortueuses intrigues, en combinaisons imprévues, en résultats inespérés. Dupleix connaissait à fond cette politique-là. Ses rapports constants avec les princes hindous la lui avaient enseignée. Ce qu'aucun diplomate européen n'au-

rait songé à faire, il le fit. Ce fut au sein même de
la cour de Nazer-Sing qu'il alla chercher les moyens
de salut. Voici comment il s'y prit. Il offre d'abord
la paix à Nazer-Sing, à la condition que Muzafer-
Sing et Chunda-Saëb seront rétablis dans leurs
gouvernements.

C'était à peu près dicter des conditions aux
vainqueurs. Il va sans dire que Nazer-Sing ne répondit pas à ces singulières propositions. Mais
Dupleix ne se tint pas pour battu. Il adresse au
soubab une longue lettre, dans laquelle il proteste
de son dévouement pour ce dernier, déclare qu'il
n'a jamais voulu le combattre, et que c'est même
afin de hâter la conclusion de la paix qu'il a donné
aux troupes du colonel d'Autheuil le signal de la
retraite. Sur ces entrefaites, Dupleix envoie deux
députés à Nazer-Sing, avec la mission de lui offrir
des conditions de paix. Ces conditions sont toujours à peu près les mêmes, c'est-à-dire inacceptables pour le soubab. Dupleix le sait. Mais qu'importe? Huit jours se sont écoulés. On a gagné du
temps. C'est tout ce qu'il fallait.

Dans l'intervalle, Dupleix agissait sous main,
auprès d'une faction qui minait sourdement le
pouvoir de Nazer-Sing et dans laquelle le premier
ministre du soubab trempait.

CHAPITRE XIV

Dupleix, sans attendre que les officiers du soubab aient ouvertement levé le drapeau de l'insurrection, dirige un détachement de trois cents hommes sur le camp de Nazer-Sing, dans la nuit du 27 au 28 avril 1750. Le corps était commandé par un vaillant capitaine du nom de Latouche. Les soldats du soubab étaient alors plongés dans le lourd sommeil que donne l'opium, dont les peuples orientaux font un si terrible abus. Terrifiés par l'arrivée inopinée de cette poignée d'hommes, dont les ténèbres les empêchent de distinguer le nombre, et s'efforçant vainement de secouer la torpeur qui pèse sur leurs membres, ils se jettent les uns sur les autres et s'entretuent au milieu d'un tumulte indescriptible. Les soldats de Latouche font un affreux carnage de tous ceux qui tombent sous leurs coups. On assure que 1.100 Indiens périrent dans cette nuit tragique. Quant à Latouche, il put ramener son détachement à peu près sain et sauf. C'est à peine si deux ou trois de ses hommes furent mis hors de combat. Quel réveil pour le malheureux Nazer-Sing! Des monceaux de cadavres l'entouraient quand le jour se leva. Et parmi eux il reconnaît ses plus vaillants officiers.

Redoutant de nouvelles attaques de ce genre, il donne à ses troupes l'ordre de lever le camp et se jette avec elles dans la place d'Arcate, capitale du Carnatique. Dégagé dès lors de toute inquiétude, il se livra sans réserve et sans mesure à tous les plaisirs de la vie orientale. Les officiers qui faisaient partie du complot fomenté par Dupleix contribuaient par tous les moyens possible à pousser de plus en plus Nazer-Sing dans cette voie fatale, tandis qu'ils avertissaient secrètement Dupleix de ce qui se passait dans Arcate et l'engageaient vivement à profiter de l'inaction du soubab.

Le gouverneur de l'Inde française met en mouvement un petit corps de cinq cents hommes qui s'empare d'abord de la pagode de Trivadi, et se dirige ensuite vers la rivière Penmar, après s'être joint à l'armée de Chunda-Saëb. Les alliés y rencontrèrent les troupes de Méhémet-Ali qu'ils acculèrent à la rivière et auxquelles ils infligèrent une sanglante défaite.

Mais Dupleix ne s'en tint pas à cette facile victoire. Sans perdre un instant, il donne à son armée l'ordre de se porter sur Gingi. Cette place, par suite de l'importance de sa situation, était regardée comme la clef du Dekkan. Elle était entourée de trois citadelles campées au sommet de pics à peu près inaccessibles et ceinte d'une large et haute muraille d'une lieue de circonférence.

La seule idée d'emporter d'assaut la ville et ses forts pouvait sembler une folie. Le colonel de Bussy fit de cette folie une réalité et de cette réalité un glorieux fait d'armes.

« C'était un officier d'une grande distinction, d'une grande habileté, d'une bravoure à toute épreuve, doué du coup d'œil politique, non moins que du coup d'œil des champs de bataille. » Il se précipite avec le gros de son armée vers l'une des portes de Gingi, la fait sauter à l'aide d'un pétard, et pénètre dans l'intérieur de la ville. Mais ce n'était là que la partie facile de l'entreprise. Restait le côté héroïque, le défi à l'impossible. On sait que ce mot n'est pas français ; Bussy le prouva une fois de plus. Le voilà donc au milieu d'une ville déserte, sans ressource, sans abri, à la merci des trois forts dont nous avons parlé, qui font pleuvoir du haut de leurs murs sur lui et sur ses compagnons la grêle incessante de leurs feux plongeants. La nuit vient. Bussy divise son armée en trois corps qui escaladent simultanément les trois rochers inaccessibles où les forts étaient bâtis. Les récits de l'histoire ancienne n'offrent rien de plus prodigieux que cet assaut. Les portes des forts se brisent sous les coups de nos intrépides soldats, et au point du jour l'étendard français flottait à la cime des trois citadelles.

En apprenant la prise de Gingi, Nazer-Sing s'effraya et s'empressa d'envoyer des députés à Pondichéry pour demander la paix. Mais Dupleix voulut une fois encore traîner les choses en longueur, afin de donner à la conjuration le temps de s'organiser et de s'assurer toutes les chances de succès. Les conditions offertes à Nazer-Sing étaient plus inacceptables que jamais. Le soubab pria, supplia. Mais tout fut inutile. De guerre lasse, il se mit en route pour Gingi. Mais il fut surpris, chemin faisant, par la saison des pluies. Toutes les routes étaient coupées par des ravins, toutes les plaines dévastées par des torrents. Impossible d'avancer. Le moral de l'armée allait s'affaissant de jour en jour. Nazer-Sing tente une nouvelle démarche auprès de Dupleix. Dupleix reste inflexible. Mais le soubab consent à tout. Il lui faut la paix à quelque prix que ce soit. Elle est enfin conclue. Toutefois Dupleix sachant ce que vaut d'ordinaire la parole des princes en général — des princes hindous en particulier — attend les événements, pour enrayer la marche du complot, s'il y a lieu. A tout hasard, il envoie à Latouche, qui commandait à Gingi, l'ordre de se tenir prêt à se joindre aux conjurés, à moins cependant qu'il ne reçoive l'avis de la signa'ure définitive du traité avec Nazer-Sing. Nous insistons sur cette clause restrictive qui innocente largement notre héros du reproche de duplicité que tant d'historiens d'une impartialité douteuse se sont plu à lui prodiguer. Il fit preuve de prudence, voilà tout. Il est bien certain que s'il avait cru, dès ce moment, pouvoir compter sur l'exécution pleine et entière du traité, il eût fait tout son possible pour arrêter les progrès de la conjuration.

Donc, Latouche attendait dans Gingi les instructions qui devaient hâter ou suspendre son départ.

CITADELLE DE GINGI

Il reçut bientôt une lettre des conjurés, qui le suppliaient de venir se joindre à eux. Il se mit en marche, sans hésiter, convaincu que les chefs du complot se faisaient l'écho des ordres de Dupleix.

Le corps de Latouche comprenait à peu près 3.800 hommes. Il atteignit à marches forcées le camp de Nazer-Sing. A la vue des Français, les soldats des avant-postes ennemis prennent les armes. Les Français les repoussent et se dirigent hardiment vers le milieu du camp. Ils se trouvent en face de 25.000 hommes et de toute l'artillerie du soubab. Mais une partie des conjurés se sont **joints à eux**. L'action s'engage, terrible, inégale. Les Français combattent un contre dix : ils commencent à faiblir lorsqu'apparaît tout à coup un drapeau blanc élevé sur la tête d'un éléphant. C'était le signal convenu entre Latouche et les conjurés. Nos troupes reprennent courage, sachant que les chefs du complot se disposent à agir.

Cependant Nazer-Sing se réveille du profond sommeil auquel il se livrait dans sa tente, comptant sur le traité qu'il vient de signer. Il n'en peut croire ses yeux. Il se figure qu'il s'agit d'une simple querelle de corps de garde. Mais voyant que le tumulte acquiert toutes les proportions d'une révolte, il demande à grands cris la tête de son prisonnier Muzafer-Sing, car il ne veut pas qu'il sorte vivant du camp. Le soubab apprend que les Français sont là. Il envoie l'ordre aux auxiliaires Mahrattes de marcher contre eux. Les Mahrattes refusent. Nazer-Sing, ivre de colère, monte sur son éléphant, qu'il pousse vers le nabab de Kudapa ; il l'appelle lâche, chien, vil esclave, lui reproche de ne pas défendre le drapeau du grand Mogol.

Le nabab de Kudapa ordonne à un officier de tirer sur Nazer-Sing. L'officier tire, mais manque

GUERRIER MAHRATTE

le soubab. Le nabab épaule sa carabine et frappe au cœur le malheureux Nazer-Sing, qui tombe, foudroyé, du haut de son éléphant de combat. On tranche la tête du cadavre, et l'on va triomphalement la porter à Muzafer-Sing. Ce sanglant trophée annonçait au prisonnier qu'il était libre et qu'il allait désormais régner sans partage sur le Dekkan. Tous les chefs de corps vinrent, séance tenante, rendre hommage et faire acte de soumission au nouveau soubab. Les Français se présentèrent à leur tour et furent accueillis avec les plus grandes démonstrations de reconnaissance.

Étranges vicissitudes du sort! Le même Muzafer-Sing, qui était, il y avait quelques instants, le prisonnier de Nazer-Sing, et qu'un caprice de ce dernier pouvait envoyer au supplice, se trouvait maintenant roi de trente-cinq millions de sujets!

CHAPITRE XV

La nouvelle du meurtre de Nazer-Sing et de
l'élévation de Muzafer-Sing à l'empire du Dekkan
fut apporté par Chunda-Saëb. Les deux amis, tout
joyeux de se voir enfin délivrés de leurs craintes
de la veille, se jetèrent affectueusement dans les
bras l'un de l'autre. La population tout entière ne
tarda pas à prendre part à leur bonheur. Dupleix,
selon l'usage, fit chanter de tous côtés des Te
Deum, tandis qu'il envoyait à Muzafer-Sing une
députation chargée de ses félicitations et de ses
offrandes de joyeux avénement. Les dons consis-
taient, selon la coutume, en six vêtements d'honneur, dits « sherpaws », et un superbe éléphant.
Mais l'ambassade trouva le nouveau soubab déjà
aux prises avec les soucis du pouvoir. Les chefs
indiens qui lui avaient facilité l'accès du trône
réclamaient à grands cris le prix de leurs services
et la réalisation des promesses que Muzafer-Sing
leur avait faites dans sa prison. Le fait est que
celui-ci avait beaucoup promis, ignorant d'ailleurs

quand il pourrait tenir et même s'il aurait jamais
à tenir. Muzafer-Sing ne voulant pas s'exposer
aux conséquences d'un refus formel, répond éva-
sivement aux sollicitations des chefs, temporise,
leur annonce qu'il a besoin de conférer avec Dupleix, avant de donner droit à leurs légitimes
réclamations.

Muzafer-Sing se rend alors à Pondichéry; il est
accueilli aux portes de la ville par Dupleix et
Chunda-Saëb. Là, il descend de son éléphant de
bataille pour prendre place à côté du gouverneur
français dans le splendide palanquin qu'on lui a
préparé.

Au palais de la régence, le soubab et Dupleix
ouvrent une longue conférence, tenue secrète, où les
prétentions des chefs indigènes furent longuement
discutées. Ceux-ci avaient d'avance déclaré s'en
remettre aux décisions de Dupleix. Mais lorsqu'ils
surent à quoi se réduisait l'exécution des promesses du soubab, ils ne purent étouffer un sentiment de profond dépit. Toutefois en fins politiques qu'ils étaient, ils n'en laissèrent rien paraître.
Ils avaient leurs secrets desseins. Tout paraissant
disposé au mieux des intérêts de tous, Dupleix
s'occupa de l'installation solennelle de Muzafer-
Sing comme soubab du Dekkan, pensant que cette
cérémonie impressionnerait vivement les vassaux
du nouveau souverain et contribuerait ainsi à
affermir son trône. Dans ce but, le gouverneur
donna à la fête du couronnement tout l'éclat possible. Il commença lui-même la cérémonie de
l'hommage, et revêtu d'un magnifique costume

oriental, don du prince, il vint s'incliner devant Muzafer-Sing, et faire acte de soumission à sa suzeraineté. Muzafer-Sing ne voulut pas demeurer en reste avec son généreux allié et, séance tenante, il proclama Dupleix nabab de tout le territoire situé au sud de la rivière Krichna, c'est-à-dire d'une étendue à peu près égale à celle de la France. De plus, il le créa munsab, c'est-à-dire commandant de 7.000 cavaliers, et pour comble d'honneur, lui permit de faire porter devant lui l'étendard au poisson d'or, insigne récompense qui n'était réservée, paraît-il, qu'aux grands dignitaires de l'empire.

Dupleix ne fut pas le seul à profiter de ces heureuses dispositions. Chunda-Saëb fut officiellement reconnu nabab du Carnatique, et tous ceux qui avaient pris une part active au renversement de Nazer-Sing, depuis les grands vassaux jusqu'aux simples conjurés reçurent une large distribution d'argent et de faveurs.

Quant aux avantages que la Compagnie des Indes retirait de ces événements, ils étaient immenses. De nombreux districts lui étaient cédés, soit aux environs de Pondichéry, soit sur le territoire de Karikal. La ville de Mazulipatan devenait également sa propriété. Toutes ces cessions territoriales lui assuraient un revenu de près d'un million.

Dupleix, on le voit, savait faire marcher de front les intérêts de la France et ceux de la Compagnie, sans du reste négliger les siens propres. Mais qui oserait l'en blâmer ? Celui qui a travaillé

à la gloire de sa patrie, celui qui a porté le poids
du jour pour creuser le sillon où germera la mois-
son du progrès, n'a-t-il pas le droit, le soir venu,
de songer à assurer le bien-être de ceux qu'il
aime?

Dupleix touchait à l'apogée de sa carrière. Son
nom retentissait d'un hémisphère à l'autre redit
par les cent voix de la renommée. « Au seul bruit
de votre gloire, lui écrivait un prince indigène, le
trône du Grand Mogol tremble jusque dans ses
fondements! »

Hélas! pourquoi faut-il que les événements
aient dû si vite démentir ces paroles? Lorsque
tout fut réglé de la sorte, Muzafer-Sing s'éloigna
de Pondichéry, non sans jurer une fois encore
éternelle alliance avec la France et Dupleix. Le
soubab emmenait avec lui un corps français, commandé par Bussy, le héros de Gingi. On prit la
route de Hyderabad, ville située aux environs de
l'antique Golconde. Le voyage s'effectua sans
encombre jusqu'à Kudapa.

Là, une violente querelle s'élève entre l'armée
de Muzafer-Sing et les habitants du pays. Les soldats du soubab s'élancent dans toutes les directions et incendient plusieurs villages du territoire
de Kudapa. Le nabab de cette ville, celui même
qui avait porté le coup de mort à Nazer-Sing,
dirige une charge de cavalerie contre les incen-
diaires. La charge est repoussée. Mais Muzafer-
Sing, outré de l'audace du nabab, bien qu'il n'usât
après tout que du droit de représailles, se met en
mesure de lancer tout un corps de troupes contre

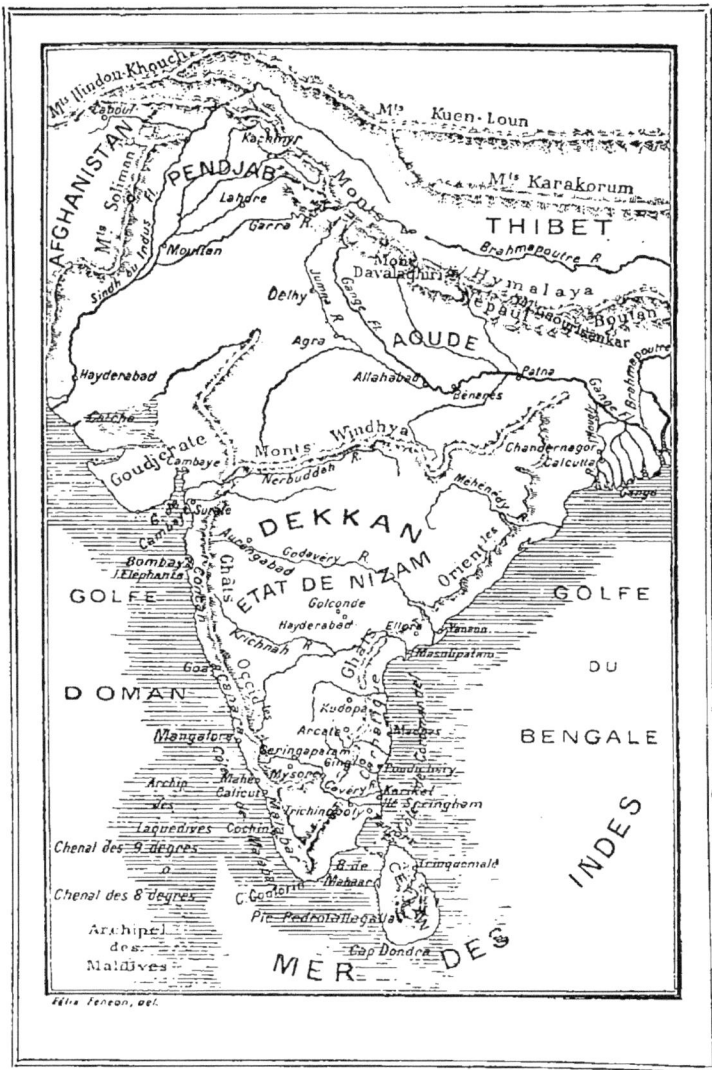

CARTE DE L'INDE
pour servir à l'histoire de Dupleix.

lui. Bussy essaie vainement le rôle de conciliateur.
Ce qui n'etait dans le principe qu'une querelle
devient une formidable insurrection. Plusieurs
nababs embrassent le parti des révoltés. Bussy
voyant que l'apaisement n'est plus possible et
comprenant enfin que cette révolte était concertée
de longue main par les nababs mécontents, Bussy,
disons-nous, se met en devoir de prêter un vigoureux appui au parti de Muzafer-Sing. Mais celui-ci,
emporté par une fatale impatience, s'élance au
combat avant même que Bussy ait eu le temps de
donner à ses soldats l'ordre de la mise en bataille.
Il est d'abord repoussé. Mais Bussy intervenant,
son artillerie met les insurgés en fuite. Cédant
une fois encore à sa téméraire ardeur, Muzafer-
Sing se jette à leur poursuite, hors de la portée
des Français qui se trouvent ainsi dans l'impossi-
bilité de l'appuyer. Un des nababs révoltés fait
tout à coup tourner bride à l'éléphant qu'il montait. Muzafer-Sing campé, lui aussi, sur son éléphant de guerre, le précipite vers celui du nabab.
Alors un duel terrible s'engage. Les deux animaux
excités par les clameurs des soldats et par le
tumulte des armes, fondent l'un sur l'autre,
heurtent leurs défenses, entrelacent leurs trompes,
qui se tordent comme un nœud de serpents. Les
combattants se trouvent ainsi en quelque sorte
rivés au champ-clos, qui va recevoir leur funèbre
dépouille. Les voilà à portée. Ils n'ont qu'à lever
le bras pour s'atteindre. Muzafer-Sing brandit sa
lance. Mais au même instant, le nabab le frappe
en plein front avec la pointe de la sienne. Le

soubab tombe de son éléphant, le crâne horrible-
ment fracassé, et ne tarde pas à rendre le dernier
soupir.

Ainsi finit cet empire d'un jour. Édifié dans le
sang, il croula dans le sang. Inclinez-vous, mes
enfants, devant cette éternelle et inexorable loi,
qui veut que rien ne dure de ce qui n'a pas été ci-
menté par la fraternité et fécondé par l'effort pacifique du progrès. Voyez aussi dans ces tragiques
événements un exemple de plus de la misérable
existence de ceux que le sort fait rois. C'est toujours, quoiqu'ils fassent, sur un cratère que leur
trône est posé.

Dès que Muzafer-Sing eut vécu, une question
grosse de complications s'offrit à tous les esprits.
Qui sera soubab? Bussy comprenant mieux que
personne toute l'importance de la solution, ras-
semble en hâte ce qu'on pourrait appeler l'état-
major de l'armée de Muzafer-Sing et lui expose
la nécessité de faire choix au plus tôt d'un nouveau soubab. Muzafer-Sing laissait pour unique
héritier un fils en bas âge. L'élire, c'eût été s'exposer à tous les désordres qu'entraine d'ordinaire
une minorité royale.

Nazer-Sing, le soubab détrôné par Muzafer-Sing,
avait laissé trois frères qui se trouvaient alors prisonniers des nababs. Bussy use de toute son influence pour déterminer l'élection de l'un d'eux;
leur choix se fixa sur Salabet-Sing, le frère ainé
de Nazer-Sing.

CHAPITRE XVI

LE CAPITAINE GINGEN. — CLIVE. — D'AUTHEUIL CAPITULE.

CHUNDA-SAEB EST MIS A MORT.

Revenons à Chunda-Saëb que nous avons laissé à Pondichéry, on s'en souvient, à l'époque du couronnement du malheureux Muzafer-Sing. Il continuait à lutter opiniâtrément afin d'arracher à Méhémet-Ali ce qui lui restait de pouvoir. Celui-ci voyait avec amertume les forces anglaises déserter ses drapeaux. Déjà le major Lawrence était retourné en Angleterre, sacrifiant les intérêts coloniaux de son pays aux préoccupations familiales. D'ailleurs les derniers succès de Dupleix semblaient plonger tous les Anglais dans un abattement qui ne s'expliquait que par la terreur qu'il leur inspirait. On eût dit que n'osant se mesurer avec un pareil adversaire, ils se désintéressaient complètement de la lutte. Toutefois les prières de Méhémet-Ali devinrent si pressantes et puis il fit de si alléchantes promesses, que l'Angleterre se décida enfin à tenter un coup vigoureux en sa faveur. En février 1752, un corps auxiliaire sous les ordres du capitaine Cope fut envoyé par elle à Trichinopoly. Cette ville était alors à peu près

LES BORDS DU COLEROON

l'unique possession de Méhémet-Ali.

Chunda-Saëb, en quittant Pondichéry, était venu s'établir, sur la route de Trichinopoly, non loin du fort de Valcondah. Huit cents Européens l'accompagnaient. Les Anglais avaient envoyé dans la même direction un corps de troupes sous la conduite du capitaine Gingen.

Les deux armées se trouvèrent bientôt en présence. Quant au commandant du fort, il attendit prudemment que la situation se dessinât, pour sortir de la neutralité qu'il s'était imposée. Il n'attendit guère. Le capitaine Gingen, ayant attaqué vainement la citadelle, le commandant s'empressa d'offrir l'abri de ses murs à Chunda-Saëb et à son armée. Gingen se jeta alors sur les Français, mais il fut honteusement repoussé et dut battre en retraite du côté de Trichinopoly. Chunda-Saëb lui fait alors une chasse opiniâtre et ne l'abandonne que lorsqu'il les croit, lui et ses troupes, absolument épuisés de fatigues.

Le fait est que le moral de l'armée anglaise était dans un bien piteux état lorsqu'elle vint établir son camp sur le Coleroon, dans le voisinage de Trichinopoly.

Le Coleroon est une branche de la rivière Cavery, qui par suite de cette division de son cours, forme à partir de Trichinopoly une sorte de delta très allongé, nommé l'île de Seringham par les indigènes. Le fanatisme hindou y a construit une riche pagode, où il a la prétention de conserver la véritable image de Vichnou. Cette pagode est entourée de sept enceintes concentriques dont la plus

grande n'a pas moins de quatre milles de tour;
les Brahmes, gardiens du sanctuaire, ouvrirent
aux Anglais les portes des trois premières enceintes
où ceux-ci avaient la faculté d'établir leurs cantonnements. Mais le commandant Gingen ne s'y trouvant pas assez en sûreté, abandonna bientôt ce
poste, pour aller prendre position sous les murs
même de Trichinopoly.

Un homme se révéla tout à coup, qui devait un
instant faire incliner la fortune du côté des Anglais.
C'est Clive.

Suspendons un instant le récit des événements
pour nous arrêter devant cette figure, une des
plus intéressantes à coup sûr de toutes celles que
les circonstances mirent alors en pleine lumière
sous l'ardent azur du ciel indien.

Clive était le fils d'un gentilhomme anglais. Mais
à la différence de ses compagnons de caste, celui-ci n'avait que de fort petites rentes. Vous savez,
sans doute, mes enfants, qu'il n'y a pas de pays
au monde où la richesse soit plus inégalement
partagée qu'en Angleterre. D'un côté, l'aristocratie
qui a tout; de l'autre, le peuple qui n'a rien. Clive
se trouvait par conséquent dans une situation
fausse. C'était ce que nous appelons aujourd'hui
un déclassé. Né dans un milieu social où l'on a
l'habitude de jeter les millions par les fenêtres, il
avait juste de quoi vivre. C'est probablement ce qui
le décida à aller chercher fortune aux Indes. Du
reste, la nature semblait l'avoir prédestiné dès son
jeune âge à cette vie d'outre-Sindh, où tout est
aventures, âpres luttes et coups d'audace.

C'était l'enfant le plus turbulent, le caractère le plus violent qu'on pût imaginer. A Market-Drayton, où s'écoula sa première jeunesse, ses parents le virent un jour avec une indicible terreur, escalader le clocher de l'église paroissiale et se poster à califourchon sur la tête du dragon de pierre qui couronnait la flèche. Du reste, les passants purent le voir d'en bas aussi à l'aise que s'il se fût trouvé à cheval au ras du sol sur un simple manche à balai. A dix-neuf ans la Compagnie des Indes se l'attacha comme écrivain. Mais ses emportements lui attirent bientôt de sévères reproches de la part de ses chefs. D'ailleurs sa fortune est loin de s'améliorer. Et puis, cette existence de bureau, au milieu des chiffres et des paperasses, ce n'est pas ce qui convient à son caractère. C'était bien la peine de franchir l'Océan pour venir griffonner des registres, entre quatre murs. A cette pensée, une sombre mélancolie s'empare de son âme. Un âcre dégoût de la vie commence à lui monter au cœur. Et peu à peu le suicide finit par devenir son idée fixe.

Voici une anecdote qui donne à la fois la mesure de la force de volonté que Clive déployait dans ses projets de suicide et de l'obstination étrange avec laquelle le hasard le condamnait à vivre. Ses amis le trouvèrent un jour assis dans sa chambre auprès d'une table sur laquelle se trouvait un pistolet chargé jusqu'à la gueule. L'un d'eux l'arma et fit feu par la fenêtre. Au bruit de l'explosion, Clive bondit, en s'écriant : « Décidément Dieu veut faire quelque chose de moi! Je viens d'appuyer cette arme sur mon front. Deux fois de suite

PAGODE DE CONJEVERAM

j'ai lâché le chien, deux fois le coup a raté! »

Cette aventure fit une profonde impression sur lui. Il pensa dès lors que le sort le réservait à de hautes destinées et l'idée du suicide l'abandonna. Après l'affaire de Madras, il obtint du gouvernement anglais un poste militaire qu'il remplit avec tout le courageux sang-froid d'un guerrier vieilli dans les camps. Il sut, à ce titre, s'attirer les sympathies de Lawrence, qui s'y connaissait en hommes, et qui eut toujours pour lui la plus haute estime.

Quand Chunda-Saëb se fut cantonné près de Trichinopoly, le conseil colonial était d'avis qu'on allât l'y attendre. Clive, avec une profondeur de vues qui faisait honneur à son génie militaire, démontra au conseil combien il serait préférable d'entreprendre le siège d'Arcate que le nabab avait laissée à peu près sans défense. On applaudit à sa proposition et il fut lui-même chargé de l'exécution de son projet.

Il partit de Madras, le 6 septembre 1752, emmenant avec lui 500 hommes de troupe et cinq pièces de canon. Cette petite armée entra, sans coup férir, dans Arcate et se retrancha dans le fort qui la dominait.

Chunda-Saëb, en apprenant la nouvelle, se hâta d'envoyer un détachement au secours de la ville. Clive fut bientôt étroitement bloqué dans son fort. Les vivres manquaient. Mais il avait avec lui des soldats d'un mérite éprouvé, que rien ne pouvait abattre. Les assiégeants font, cinquante jours durant, les plus opiniâtres efforts pour s'emparer de

VUE DE DELHI

la citadelle. Ils sont repoussés avec perte et une
sortie inopinée de la garnison achève de mettre le
désordre dans leurs rangs. Ce fait d'armes, en
consacrant la renommée de Clive, relevait la fortune des Anglais et portait un coup sanglant à la
nôtre.

D'Arcate, Clive se transporte à la pagode de
Conjeveram d'où il déloge les Français, puis il se
rend au fort Saint-David, afin d'y prendre les ordres
du conseil de régence.

Méhémet-Ali se trouvait alors aux prises avec
les embarras pécuniaires les plus graves. La solde
n'était plus payée que fort irrégulièrement. Aussi
la désertion commençait à éclaircir les rangs de
son armée. Dans cette extrémité, il fait appel aux
bons offices du sultan de Mysore : celui-ci envoie
sur-le-champ un renfort de 20,000 hommes à Trichinopoly, auquel viennent se joindre les subsides
du roi de Tanjore, qui embrasse enfin ouvertement
le parti de Méhémet-Ali. Sur ces entrefaites, Lawrence, de retour d'Angleterre, avait repris le com
mandement de l'armée expéditionnaire. Clive, qui
était resté au corps, à titre de commandant en second, proposa de diviser l'armée en deux, afin de
prendre à dos et de front les troupes françaises
qui avaient repris position dans l'île de Seringham.
Clive fut chargé de diriger l'une de ces divisions,
celle qui devait se transporter entre Seringham et
Pondichéry. Dupleix, comprenant combien la réus-
site de ce projet pouvait nous être fatale, envoya
immédiatement sous la conduite de d'Autheuil un
nouveau détachement, avec l'ordre de se joindre

aux troupes menacées. L'entrée de l'île étant alors masquée par les troupes de Clive, d'Autheuil se posta aux environs de Valcondah. Mais bientôt cerné par les Anglais, il dut signer une capitulation qui fut un véritable désastre pour les Français.

La situation devenait particulièrement critique pour Chunda-Saëb. Déjà nombre de ses officiers avaient offert leurs services aux Anglais. Le commandant français Law ne vit plus pour le vieux nabab qu'une chance de salut : la fuite!

Un nommé Monackye, commandant des troupes du roi de Tanjore, largement soudoyé par Law, devait faciliter la retraite de Chunda-Saëb et le faire escorter jusqu'à Karikal. Mais ce Monackye était un traître. Au lieu de le sauver, il le chargea de chaînes. Cependant, les Français cantonnés dans l'île de Seringham venaient d'apprendre la capitulation de d'Autheuil. Sous le coup de cette nouvelle, et d'ailleurs serrés de près par Lawrence, ils se rendirent à leur tour. Ah! si Bussy eût été là, toutes ces hontes n'auraient point souillé notre drapeau!

Quant à l'infortuné Chunda-Saëb, il eut le sort de la plupart des chefs indigènes de cette tragique époque. Un soldat afghan le poignarda dans sa prison. Monackye lui fit trancher la tête et fit hommage de cet horrible trophée à Méhémet-Ali. La tête fut ensuite suspendue au cou d'un chameau, promenée cinq fois autour de la ville et envoyée de là à Delhi. C'est de cette façon, que Méhémet-Ali transmettait au Grand Mogol la lettre de faire part de son triomphe.

CHAPITRE XVII

DÉFAITE DE BAHOR. — SALABET-SING.

EXTENSION DE NOS POSSESSIONS.

Il s'agissait maintenant de procéder à l'installation solennelle de Méhémet-Ali à Trichinopoly. Telle était du moins l'unique préoccupation du major Lawrence. Malheureusement, Méhémet-Ali s'était engagé, à l'insu des Anglais à livrer la ville et son territoire au roi de Mysore, grand État de fondation récente, situé à l'ouest des possessions françaises. Forts de la promesse du nabab, les Mysoriens s'étaient cantonnés aux environs de Trichinopoly, attendant son exécution, tandis que les Anglais mettaient garnison dans la citadelle.

Toutefois, l'importante place de Gingi nous restait. Le Conseil de Madras charge le major Keen de s'en emparer. Keen échoue et en meurt de chagrin. Lawrence lui succède dans cette difficile mission. Dupleix dirige contre lui un corps considérable sous la conduite du commandant de Kerjean. Par une manœuvre habile, le major anglais feignit d'éviter les Français et se replia sur Bahor. Nos troupes l'y suivirent et nos ennemis se trouvant sur le terrain de leur choix nous battirent complètement.

Peu après les événements parurent tourner à notre avantage. Dupleix fut officiellement reconnu nabab du Carnatique par le Grand-Mogol, ce qui lui assurait un grand crédit auprès des princes indiens. D'autre part, Clive, son plus redoutable adversaire, venait de regagner l'Angleterre pour cause de maladie. Enfin la saison des pluies brusquement survenue arrêtait les hostilités. Dupleix songea alors à régler la succession du malheureux Chunda-Saëb. Il fixa d'abord son choix sur Rajah-Saëb. Mais l'incapacité de ce dernier détermina Dupleix à lui substituer Mortiz-Ali, gouverneur de Vélore. En 1753, de part et d'autre, on reprit les armes. La garnison anglaise de Trichinopoly, commandée par Dalton, se trouva bientôt sérieusement menacée par les Français. Martiz-Ali vint appuyer nos opérations, en ravageant le territoire situé entre Arcate et Trichinopoly.

Dupleix avec sa générosité habituelle n'hésita pas à mettre sept millions de sa propre fortune au service du budget de la guerre.

Cependant Lawrence fond à l'improviste sur les Français et leur inflige une sanglante défaite. Mais Trichinopoly n'en demeure pas moins étroitement bloquée. Déjà les assiégeants se disposent même à tenter l'assaut, lorsque Lawrence parvient, par une savante manœuvre, à déterminer une action générale. Les Français sont repoussés sur toute la ligne et délogés du Delta de Seringham. Trichinopoly qui manquait de vivres fut abondamment ravitaillée.

Cet échec ne désarma pas la constance de Dupleix. Il donna l'ordre de tenter encore une fois la prise de Trichinopoly. L'entreprise eut lieu penpant la nuit : un bastion fut d'abord très vivement enlevé par les Français. Mais dès la pointe du jour ceux-ci furent obligés de se rendre.

Salabet-Sing, le nouveau soubab du Dekkan, aidé de notre artillerie, s'emparait vers la même époque de la citadelle de Kanoul. Le vainqueur eut la barbarie de passer tous les habitants au fil de l'épée. Le nabab et sa famille furent seuls épargnés, grâce à l'intervention de Bussy. Après ce beau fait d'armes, Salabet-Sing franchit la rivière Krichna. Il convoitait alors la possession de Golconde, que menaçait un de ses frères, Gaziadikkan, qui refusait de reconnaître son autorité. Salabet-Sing le prévint et entra triomphalement à Golconde au milieu de toute la pompe usitée en pareil cas.

Gaziadikkan ne renonça pas pour cela à ses projets de conquête. Il comptait d'ailleurs un nombre imposant de partisans. Les Mahrattes, dont l'empire acquérait chaque jour une extension nouvelle, lui fournirent un contingent qui éleva son armée au chiffre de 150.000 hommes.

Salabet-Sing et Bussy se disposaient à marcher de concert contre lui, lorsque la nouvelle de sa mort leur parvint. On accusa, mais sans preuves absolues, la propre mère de Gaziadikkan de lui avoir donné du poison dans le but d'être agréable à son fils Salabet-Sing. Quoi qu'il en soit, cet événement ne termina point la guerre. Elle continua entre le soubab et les chefs Mahrattes. Bussy, dont les soldats continuaient à soutenir les opérations

VUE DE TRICHINOPOLY

de Salabet-Sing, sut faire merveilleusement tourner à notre avantage le crédit dont il jouissait auprès de ce dernier. Le soubab lui céda quatre vastes provinces, qui portèrent la limite de nos possessions jusqu'à Jaggernaut et augmentèrent nos revenus coloniaux de treize millions et demi.

La fortune, vous le voyez, mes enfants, souriait de nouveau à nos armes. Jamais nous n'avions possédé encore dans l'Inde une pareille étendue de territoire. Notez que toutes ces conquêtes s'accomplissaient sans aucun secours de la métropole, presque contre le gré de la compagnie, avec les seuls deniers de Dupleix et les seuls talents de Bussy.

Cet état de choses décida Dupleix à entrer en négociations avec le gouverneur de Madras, Saunders, homme d'un grand caractère, qui ne devait pas tarder à devenir pour notre héros un adversaire redoutable. Comme il devait fatalement arriver, tout arrangement fut impossible. Chacun voulut se faire la part du lion. Et dix jours après, la guerre éclata de nouveau, plus opiniâtre que jamais.

Le roi de Tanjore fit cette fois encore appel à l'intervention des Anglais qui ne purent lui donner satisfaction. Ce prince était alors en guerre avec les Mahrattes. Il les vainquit, grâce aux talents de ce même Monackye, qui avait si lâchement trahi Chunda-Saëb. Les Français avaient repris position dans le Delta de Seringham. Comme les Anglais s'occupaient de faire passer des convois de vivres dans Trichinopoly, les Mahrattes jaloux de se dédommager de l'échec que Monackye venait de leur infliger, fondirent tout à coup sur le détachement qui escortait les convois. Les Français s'élancent aussitôt à la rescousse. Un combat sanglant s'engage et le tiers du corps anglais mord la poussière. Nos soldats regagnèrent l'île de Seringham, chargés de butin, de prisonniers, de vivres et de munitions.

CHAPITRE XVIII

Mais le moment approchait où la fortune de Dupleix allait sombrer dans le grand naufrage que
lui préparaient ses ennemis. La puissance humaine
a des bornes. Il vient un jour où, si vaillant que
l'on soit, il faut céder à l'obstacle aveugle et stu-
pide, aussi bien qu'à l'adversaire intelligent et fé-
roce. Pendant toute sa carrière, notre héros a eu
contre lui ces deux éléments.

Avant d'écrire la dernière et sombre page de sa
vie, résumons en quelques lignes l'exposé des
causes qui déterminèrent sa chute.

1° La compagnie des Indes.

Elle ne fit jamais rien pour lui. Loin de là, elle
s'opposa constamment aux agrandissements ter-
ritoriaux dont Dupleix ne cessa de lui prêcher la
nécessité.

Cette bande de marchands n'avaient qu'un souci,
emplir leurs coffres. Peu leur importait la patrie et
sa gloire.

2° Le Gouvernement.

Il laissa Dupleix dans le plus complet abandon,

ne lui envoyant ni hommes, ni argent, lui refusant même ces simples encouragements officiels, qui sont la menue monnaie dont les Etats paient le mérite.

Quoi d'étonnant? La France était alors aux mains d'indignes favoris, qui insultaient dans les orgies le nom de ses meilleurs enfants.

3° L'Angleterre.

Bien que sa politique cadrât médiocrement, à cette époque, avec le principe d'extension territoriale, elle n'en soutenait pas moins énergiquement ses agents coloniaux. Ni son or, ni son appui moral ne leur manquait. Elle leur envoyait ses meilleurs officiers.

4° La Bourdonnais.

Nous avons rendu hommage, en temps opportun, au courage et au talent de ce grand capitaine. L'impartialité avec laquelle nous l'avons fait nous autorise à dire ici la part odieuse qu'il prit au renversement de Dupleix. Ces mémoires dont nous avons parlé, écrits dans les ténèbres du cachot de la Bastille, venaient d'être publiés et répandus avec profusion aux quatre coins de la France. Dupleix y était abominablement vilipendé. La Bourdonnais le traitait de proconsul avide. de tyran, d'insensé, et entassait contre lui les accusations les plus iniques. C'est moins qu'il fallait pour exciter les méfiances et les haines d'un gouvernement d'autant plus soupçonneux qu'il était plus faible.

Tels sont les principaux agents destructeurs qui minèrent lentement le trône glorieux où Du-

pleix avait assis sa renommée. Le plus terrible de
tous, on l'a deviné. A défaut de Louis XV, de l'Angleterre et des mémoires de La Bourdonnais, la
Compagnie des Indes eût suffi.

Ce fut elle, qui, la première, osa mettre en question le rappel de Dupleix. Elle eut le cynisme, —
le mot est à peine suffisant pour qualifier sa conduite, — elle eut le cynisme d'entrer en négociations avec la compagnie anglaise, pour consommer
cette iniquité. Il est bon que l'histoire se souvienne
des deux agents qui lui servirent d'intermédiaires.
Ce sont les nommés Duvelaur, directeur de la
Compagnie française, et du Lude, son digne frère.
L'entente fut parfaite entre les deux Compagnies.
Il fallait à tout prix renverser Dupleix. On n'aurait
la paix que lorsqu'il aurait quitté l'Inde. Du reste,
le gouvernement français partageait tout à fait cet
avis. Le garde des sceaux, Machault, — Machault,
la plus despotique des médiocrités, — ne craignait
pas de déclarer hautement que l'ambition de Dupleix était la cause unique de la guerre. Il est un
autre honteux personnage dont nous n'avons point
encore parlé, bien qu'il joue un des principaux
rôles dans cette lugubre tragédie. Nous attendions
son entrée en scène. Celui-là c'est le traître, c'est
le misérable, qui vend l'amitié et l'honneur sans
s'inquiéter même de quelles mains lui vient l'argent qui paie son crime. Godeheu était lui aussi
un des directeurs de la Compagnie. Comme la
plupart des membres de cette honnête association,
il ne voyait dans la colonisation de l'Inde, qu'un
vaste système de spéculations mercantiles. Pour

lui, le commerce n'avait pas de patrie. Esprit borné, cœur rongé par l'envie, il avait autrefois été intimement lié avec Dupleix.

Ce fut cet homme que le gouvernement français choisit pour remplacer notre héros. Ce choix plut à l'Angleterre, cela va sans dire.

Godeheu partit pour les Indes, emmenant avec lui deux mille hommes. Deux mille hommes! juste l'armée que Dupleix avait sollicitée pendant vingt ans pour conquérir l'Hindoustan!

Godeheu avait en main l'ordre du roi portant la révocation de Dupleix. Lorsque le nouveau gouverneur débarqua à Pondichéry, il eut d'abord quelque honte à transmettre à Dupleix les volontés royales. Celui-ci était loin de se douter qu'un homme qu'il avait toujours considéré comme un ami sincère aurait eu l'infamie de briguer le droit de le supplanter. Aussi dès qu'il aperçut Godeheu, il se jeta affectueusement dans ses bras. Godeheu lui donna le baiser de Judas, et s'enferma durant quelques jours, dans la plus hypocrite dissimulation, afin d'avoir le temps d'étudier l'esprit de la population.

Enfin il fallut s'exécuter. En entendant la lecture du décret qui le révoquait, Dupleix pâlit affreusement, mais il n'exhala pas une plainte.

« Je ne puis qu'obéir au roi, fit-il, après un long silence ; je me soumets à tout. » Et en disant ces mots, notre héros lançait au traître un de ces regards d'indicible mépris, qui font plus d'effet que les plus terribles colères.

Mais Dupleix n'avait pas encore bu la lie de son

calice. Il dut écouter en pleine salle du conseil la lecture des ordres de la Compagnie et de la Cour, faite par Godeheu. Cette lecture eut lieu au milieu d'un morne silence, gros de stupeur et d'indignation. Quand elle fut achevée, Dupleix se leva et cria d'une voix forte : « Vive le Roi. »

Ne vous méprenez pas, chers enfants, sur le sens de ce suprême vivat. Certes, notre héros ne devait pas professer un culte bien grand pour le triste personnage qui occupait alors le trône de France. Et ce cri aurait lieu de nous étonner, si nous ne savions que pour Dupleix, comme pour tout bon patriote, le roi, abstraction faite de son caractère personnel, de sa valeur comme individu, était l'expression incarnée de la loi, le symbole vivant de la nation. Pour lui, crier : Vive le Roi! c'était crier : Vive la France! Il montrait par là qu'il s'inclinait devant une volonté qu'il regardait comme celle de la patrie.

Deux mois après, Dupleix s'embarquait, avec sa femme pour les côtes de France. Cette courageuse compagne, qui avait été de tous ses triomphes, voulut être aussi de sa disgrâce.

Son arrivée à Lorient fut saluée avec un magnifique enthousiasme, qui dut lui faire oublier un moment ses sombres déboires. C'était la première fois qu'il cueillait le fruit de la gloire sur la terre de la patrie. Hélas! ce sera aussi la dernière.

Il dut se rendre en toute hâte à Paris pour s'y occuper de ses intérêts pécuniaires, gravement compromis par sa disgrâce.

Avant de quitter Pondichéry, il avait remis à

Godeheu un relevé détaillé de ses comptes. Ce relevé se montait à une somme de treize millions, pris sur sa fortune personnelle pour le service de la Compagnie. Godeheu se contenta de transmettre les comptes à celle-ci, qui déclara cyniquement que ces millions ayant été dépensés sans son autorisation expresse, elle ne croyait rien devoir à Dupleix. Repoussé par le roi, qui nie ses services, rebuté par les tribunaux, qui refusent toute enquête, déchiré par d'infâmes libelles, que la calomnie publie contre lui avec un acharnement éhonté, Dupleix passe neuf années de sa vie au milieu des luttes stériles et des affronts de toute sorte. En 1756, il perd sa femme, — sa femme, son meilleur conseiller, et la seule amitié qui lui soit restée fidèle! En expirant elle le supplie de ne point perdre courage et de lutter jusqu'à ce que justice lui soit rendue.

Efforts inutiles : Dupleix, le héros de l'Inde, l'homme incomparable qui a failli doter la France de tout un immense empire, celui devant lequel les princes de l'Asie se sont humiliés, n'a pas même de quoi faire face aux frais les plus vulgaires de l'existence. Et pour comble, ses amis de la veille viennent le railler de sa misère.

En 1758, Dupleix se remarie. Il épouse une demoiselle du nom de Chastenay-Lauty qui ne lui apporte qu'une dot insuffisante pour refaire sa fortune.

N'ayant plus d'espoir au cœur et sentant déjà s'approcher la mort, il se décide à rédiger un mémoire, qui restera dans l'histoire, comme un témoignage indélébile de l'injustice humaine.

Ce testament du génie outragé est empreint d'une sombre éloquence. En voici un extrait :

« J'ai sacrifié ma jeunesse, ma fortune, ma vie à combler de richesses ma nation en Asie ; de malheureux amis, de trop faibles parents, consacrèrent tous leurs biens à faire réussir mes projets. Ils sont maintenant dans la misère. Je me soumets à toutes les formes judiciaires ; je demande, comme le dernier des créanciers, ce qui m'est dû. Mes services sont traités de fables, ma demande est ridicule. Je suis traité comme le plus vil des hommes ; je suis dans la plus déplorable indigence. Le peu de bien qui me reste est saisi. »

Trois jours après avoir écrit ces lignes, Dupleix rendait le dernier soupir.

C'était le 11 novembre 1763.

Finissons en reproduisant le jugement de Campbell, un Anglais, sur notre héros :

« Bien supérieur à nos agents en talents politiques, s'il avait trouvé les mêmes ressources, le même appui qu'eux dans la mère-patrie, il est plus que probable que l'empire de l'Inde appartiendrait aujourd'hui à ses compatriotes. »

Quand les ennemis du nom Français viennent déposer de pareils hommages sur la tombe d'un homme qui a été leur plus redoutable adversaire, la calomnie doit se taire.

Le génie et l'honneur ne sauraient avoir de plus belle consécration !

APPENDICE

Nous avons pensé qu'il vous serait agréable, mes chers enfants, de connaître les pages attachantes que Bernardin de Saint-Pierre a consacrées à La Bourdonnais. Écrites avec un grand sentiment de justice et de bienveillance, elles sont extraites du préambule de *Paul et Virginie*, cette délicieuse idylle, qui est en même temps un chef-d'œuvre littéraire. D'ailleurs elles n'infirment en rien ce que nous avons dit sur le rival de notre héros. L'auteur rend hommage aux qualités de La Bourdonnais, ainsi que nous l'avons fait nous-mêmes. S'il se tait sur ses défauts, c'est qu'il n'avait à parler que de La Bourdonnais malheureux, de La Bourdonnais prisonnier.

« Des personnes ayant témoigné le désir que je fisse connaître avec quelques détails la vie de M. de La Bourdonnais, mes relations avec sa famille m'ont mis à même des les satisfaire.

Sa principale vertu était l'humanité. Les monuments qu'il a établis à l'Ile-de-France sont garants de cette vérité.

En effet j'ai vu dans cette île, où j'ai servi comme ingénieur du roi, non seulement des batteries et des redoutes qu'il avait placées aux lieux les plus convenables, mais des magasins et des hôpitaux très bien distribués. On lui doit suitout un aqueduc de plus de trois quarts de lieue,. par lequel il a amené les eaux de la petite rivière jusqu'au Port-Louis, où, avant lui, il n'y en avait pas de potable. Tout ce que j'ai vu dans cette île de plus utile et de mieux exécuté, était son ouvrage.

Ses talents militaires n'étaient pas moindres que ses vertus et ses talents d'administrateur. Nommé gouverneur des îles de France et de Bourbon, il battit, avec neuf vaisseaux, l'escadre de l'amiral Peyton, qui croisait sur la côte de Coromandel avec des forces très supérieures. Après. cette victoire, il fut aussitôt assiéger Madras, n'ayant pour toute armée de débarquement que dix-huit cents hommes, tant blancs que noirs. Après avoir pris cette métropole du commerce des Anglais dans l'Inde, il retourna en France. Des divisions s'étaient élevées entre lui et M. Dupleix, gouverneur de Pondichéry. Aussitôt après. son arrivée dans sa patrie, il fut accusé d'avoir tourné à son profit les richesses de sa conquête, et en conséquence il fut mis à la Bastille sans autre examen. On lui opposait, comme principal témoin de ce délit, un simple soldat. Cet homme assurait, sur la foi du serment, qu'après la prise de Madras, étant en faction sur un des bastions de cette place, il avait vu, la nuit, des chaloupes embarquer quantité de caisses et de ballots sur le vaisseau de M. de La Bourdonnais. Cette calomnie était appuyée, à Paris, du crédit d'une foule d'hommes jaloux qui n'avaient jamais été aux Indes, mais qui, par tout pays, sont toujours.

prêts à détruire la gloire d'autrui... Le vainqueur
infortuné de Madras assurait qu'il était impossible
qu'on eût pu voir du bastion indiqué par le soldat
cette embarcation, quand même elle aurait eu
lieu. Mais il fallait le prouver; et, suivant la
tyrannie exercée alors envers les prisonniers
d'Etat, on lui avait ôté tout moyen de défense. Il
s'en procura de toute espèce par des procédés fort
simples, qui donneront une idée des ressources
de son génie. Il fit d'abord une lame de canif avec
un sou marqué, aiguisé sur le pavé, et en tailla
des rameaux de buis, sans doute distribués aux
prisonniers aux fêtes de Pâques. Il en fit un compas et une plume. (1) Il suppléa au papier par des
mouchoirs blancs, enduits de riz bouilli, puis
séchés au soleil. Il fabriqua de l'encre avec de
l'eau et de la paille brûlée. Il lui fallait surtout
des couleurs pour tracer le plan et la carte des
environs de Madras : il composa du jaune avec du
café et du vert avec des liards chargés de vert de
gris et bouillis. Je tiens tous ces détails de sa
tendre fille, qui conserve encore avec respect ces
monuments du génie qui rendit la liberté à son
père. Ainsi, muni de canif, de compas, de règle, de
plume, de papier, d'encre et de couleurs de son
invention, il traça, de ressouvenir, le plan de sa

1. Suivant les documents que nous avons consultés, il
aurait écrit directement avec le sou transformé en plume.
La version de Bernardin de Saint-Pierre paraît être plus
vraisemblable. Au reste ce détail importe peu. De toute
façon, le travail de La Bourdonnais est un chef-d'œuvre de
patience.

conquête, écrivit son mémoire justificatif, et y démontra évidemment que l'accusateur qu'on lui opposait était un faux témoin, qui n'avait pu voir du bastion où il avait été posté, ni le vaisseau commandant, ni même l'escadre. Il remit secrètement ces moyens de défense à l'homme de loi qui lui servait de conseil. Celui-ci les porta à ses juges. Ce fut un coup de lumière pour eux. On le fit donc sortir de la Bastille, après trois ans de prison. Il languit encore trois ans après sa sortie, accablé de chagrin de voir toute sa fortune dissipée et de n'avoir recueilli de tant de services importants que des calomnies et des persécutions. Il fut sans doute plus touché de l'ingratitude du gouvernement que de la jalousie triomphante de ses ennemis. Jamais ils ne purent abattre sa franchise et son courage, même dans sa prison. Parmi le grand nombre d'accusateurs qui vinrent déposer contre lui, un directeur de la Compagnie des Indes crut lui faire une objection sans réponse en lui demandant comment il avait si bien fait ses affaires et si mal celles de la Compagnie.

« C'est, lui répondit La Bourdonnais, que j'ai toujours fait mes affaires d'après mes lumières et celles de la Compagnie d'après ses instructions. »

FIN

TABLES

TABLE DES MATIÈRES

CHAPITRE I. — Dupleix enfant. 7
CHAPITRE II. — L'Inde et ses productions. . . . 11
CHAPITRE III. — L'Iude ancienne. — Mythologie. 22
CHAPITRE IV. — Aperçu historique sur l'Inde. . 33
CHAPITRE V. — L'Inde moderné ; sa colonisation. . 47
CHAPITRE VI. — Nos premiers gouverneurs. . . 60
CHAPITRE VII. — La Bourdonnais et Dupleix. . 64
CHAPITRE VIII. — Mariage de Dupleix. — La lutte
  s'engage. — La Bourdonnais dans l'Inde . . . 72
CHAPITRE IX. — Affaire de Madras. 77
CHAPITRE X. — Disgrâce de La Bourdonnais. . . 83
CHAPITRE XI. — Dupleix sauve Pondichéry . . . 87
CHAPITRE XII. — Chunda-Saeb et Anaverdi-Khan. 92
CHAPITRE XIII. — Nazer-Sing. 97
CHAPITRE XIV. — Bussy. — Prise de Gingi.. . . 101
CHAPITRE XV. — Apogée de la gloire de Dupleix. 109
CHAPITRE XVI. — Le capitaine Gingen. — Clive. 116
CHAPITRE XVII. — Extension de nos possessions. 126
CHAPITRE XVIII. — Disgrâce de Dupleix ; sa fin. . 132
APPENDICE 139

TABLE DES ILLUSTRATIONS

Portrait de Dupleix 5

Une vue de l'Inde. 13

La forteresse d'Agra 17

Le temple d'Ellora , ... 19

Aspect d'une ville orientale. 25

Fakir qui se laissa mourir de faim. 27

Ablutions au bord du Gange 30

Figures sculptées à la porte d'un temple . . . 35

Tombeau de Rundjet-Sing à Lahore 39

Le fleuve sacré. 43

Différentes écritures de l'Inde. 44

Le fondateur de la dynastie mogole. 49

Mosquée d'Akbar. 53

L'inquisition aux Indes 55

Autographe de Dupleix. . . . , ... 67

Vue de Chandernagor 69

Costumes du Bengale . . , ... 75

Vue du fort Saint-Georges à Madras 79

La Bastille 83

Le grand Mogol. 89

Éléphant indien. 99

Citadelle de Gingi. 105

Guerrier mahratte. 107

Carte de l'Inde. 113

Les bords du Coleroon 117

Pagode de Conjeveram 121

Vue de Dehli 123

Vue de Trichinopoly. . , ... 129

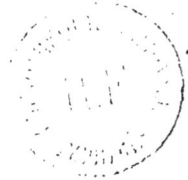

Paris — J. Mersch, imp., 22, pl. Beaufort-Rochereau.

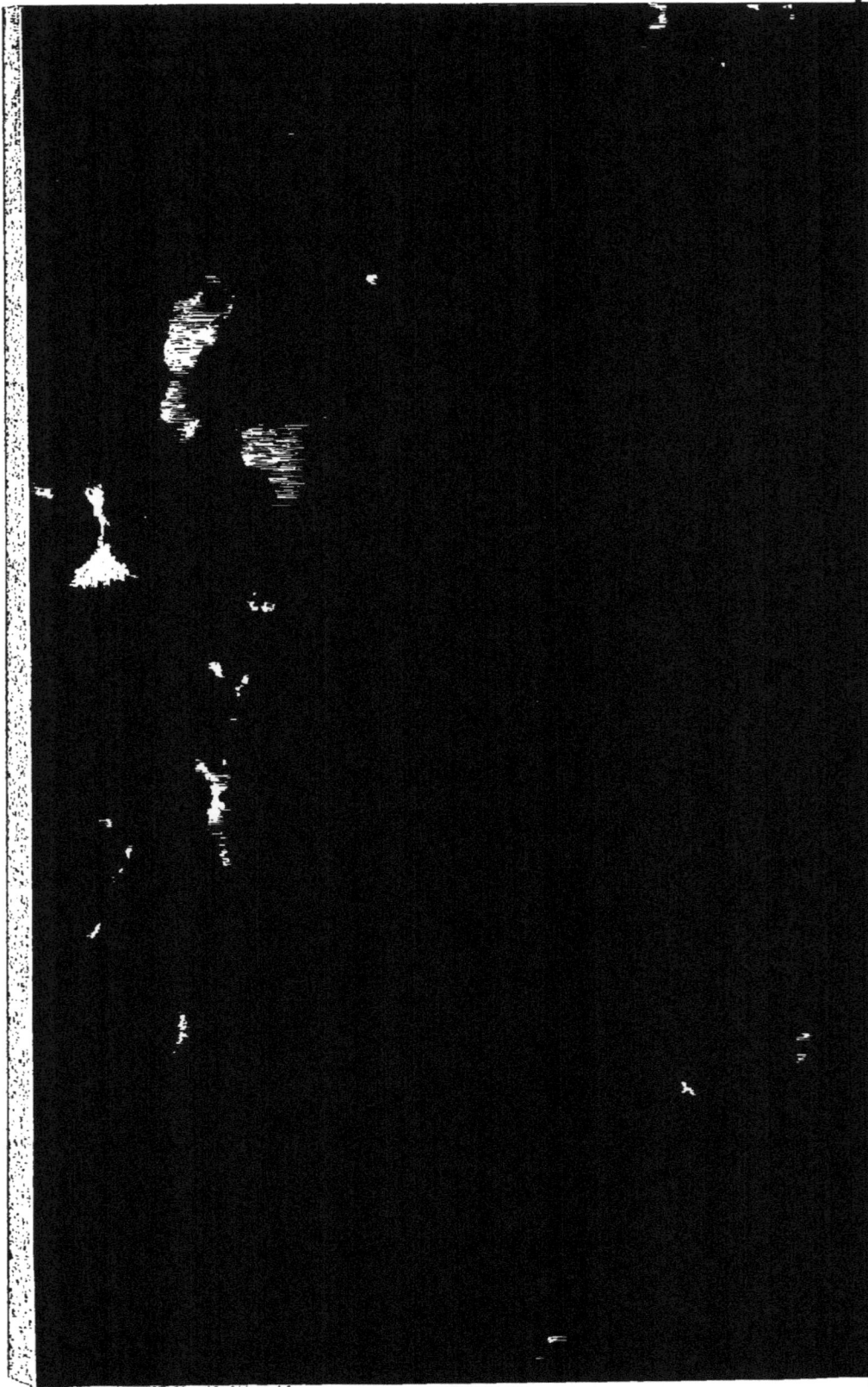

www.ingramcontent.com/pod-product-compliance
Lightning Source LLC
Chambersburg PA
CBHW050009100426
42739CB00011B/2567